Karl Eduard Haase

Volkstümliches aus der Grafschaft Ruppin und Umgegend

I. Teil Sagen

Karl Eduard Haase

Volkstümliches aus der Grafschaft Ruppin und Umgegend
I. Teil Sagen

ISBN/EAN: 9783743658639

Hergestellt in Europa, USA, Kanada, Australien, Japan

Cover: Foto ©Thomas Meinert / pixelio.de

Weitere Bücher finden Sie auf **www.hansebooks.com**

Volkstümliches

aus der

Grafschaft Ruppin und Umgegend

gesammelt und herausgegeben

von

Karl Eduard Haase,

ord. Lehrer am Friedrich-Wilhelms-Gymnasium zu Neu-Ruppin.

I. Teil: Sagen.

Neu-Ruppin.

Verlag von Rud. Petrenz.

1887.

Sagen

aus der

Grafschaft Ruppin und Umgegend

gesammelt und herausgegeben

von

Karl Eduard Haase,

ord. Lehrer am Friedrich=Wilhelms=Gymnasium zu Neu=Ruppin.

Neu=Ruppin.

Verlag von Rud. Petrenz.

1887.

Inhalt.

Dem

Altmeister märkischer Sagenforschung,

Herrn

Professor Dr. F. L. W. Schwartz,

Direktor des Königl. Luisen-Gymnasiums zu Berlin,

in

dankbarer Verehrung

gewidmet.

Vorwort.

Seit einer Reihe von Jahren ist der Unterzeichnete damit beschäftigt gewesen, die volkstümlichen Überlieferungen der Grafschaft Ruppin und Umgegend zu sammeln. Als erste Frucht dieses Studiums bietet er den Freunden deutschen Volkstums das vorliegende Bändchen Sagen, dem in zwei folgenden Heften die übrigen Überlieferungen angereiht werden sollen.

Wiewohl dieser Sagenstrauß nur auf einem kleinen Umkreise gepflückt ist, so ist er trotz dieser Beschränkung ziemlich reichhaltig ausgefallen, und doch dürften weitere Forschungen das schon jetzt gebotene Material noch wesentlich vermehren, wenn auch eine absolute oder nur annähernde Vollständigkeit in solchen Dingen sich nie erreichen läßt. Denn wenn manches dem Forscher vollständig entgeht, hat sich anderes nur noch so dunkel und verschwommen erhalten, daß sich seine Aufnahme ganz von selbst verbietet, während andererseits die ewig rege Volksphantasie immer wieder neue Gebilde hervorsprießen läßt, zum Teil unter Anlehnung an alte Motive.

Besonders möchte ich hier hervorheben, daß ich bis jetzt vergeblich nach Sagen geforscht habe, welche sich an die in der Grafschaft gelegenen Blocksberge*) anknüpfen; denn daß dieselben in früherer Zeit wenigstens der Sagen gänzlich entbehrt haben sollten, läßt sich doch wohl kaum annehmen.

---

*) Ich habe hier die zwischen Wallitz und Dorf Zechlin sich hinziehenden, völlig kahlen und unbebauten Blocksberge und den zwischen Lüchfeld und Kerzlin auf Gottberger Grund und Boden liegenden Blocksberg, der beackert wird, im Sinne.

Ferner soll hier nicht unerwähnt bleiben, daß ich mich bei meiner Arbeit von dem Grundsatze habe leiten lassen, alles mir zugängliche Material aus der Grafschaft in die Sammlung aufzunehmen, auch das bereits gedruckte, selbstverständlich unter gewissenhafter Angabe der Quellen. Die Erlaubnis zum Abdruck der bereits von Ad. Kuhn, W. Schwartz und Engelien und Lahn veröffentlichten Sagen aus der Grafschaft Ruppin ist mir von den Herren Herausgebern und Verlegern freundlichst und bereitwilligst erteilt worden, wofür meinen Dank auszusprechen ich an dieser Stelle nicht unterlassen will. — Dagegen haben aus der Umgegend nur diejenigen Sagen Aufnahme gefunden, die meines Wissens bisher noch nicht in einer Sammlung veröffentlicht sind.

Die Anordnung ist die geograpische. Von Ruppin als dem Mittelpunkte der Grafschaft bin ich zunächst nach Norden gegangen und von da über Osten und Süden nach Westen fortgeschritten. An die Sagen aus der Grafschaft reihen sich die von der Mecklenburger Grenze, aus dem Ländchen Bellin, dem Havellande und der Prignitz an; im Anhange habe ich einige hier gefundene pommersche Sagen und eine aus der Gegend von Meseritz beigefügt.

Schließlich habe ich mich noch der angenehmen Pflicht zu entledigen, allen denjenigen Herren, die meine Arbeit durch Übersendung von Beiträgen und sonst gefördert haben, meinen herzlichsten Dank auszusprechen und an sie wie an weitere Kreise die Bitte zu richten, meine Sammlungen auch in Zukunft durch einschlägige Mitteilungen freundlichst bereichern und vervollständigen zu helfen.

Neu-Ruppin, den 12. Februar 1887.

Karl Eduard Haase.

A. Die Grafschaft Ruppin.

1. Der letzte Graf von Ruppin.

Die Grafen von Lindow, Herren zu Ruppin und Möckern, stammten aus dem alten thüringischen Geschlecht der Grafen von Arnstein und kamen mit den anhaltinischen Fürsten in die Mark. Sie nahmen allezeit eine hohe Stellung ein, wurden fürstlichen Personen gleich geachtet und waren meist streitbare und kluge Herren, die stets in der Geschichte der Mark eine Rolle spielten. Ein eigentümliches Familienzeichen sollen alle mit auf die Welt gebracht haben, ein Loch im Ohr, wie ein alter Bericht sich ausdrückt, an der Stelle, wo andere Menschen sich erst eins müssen stechen lassen, wenn sie etwas hineinhängen wollen.

Der letzte war Graf Wichmann, der im einundzwanzigsten Lebensjahre unvermählt starb. Schon als Kind hatte er, wie ein Zeitgenosse von ihm rühmt, die Weisheit eines Greises. Da sein Vormund starb, als Wichmann kaum 17 Jahre alt war, erklärte ihn Kurfürst Joachim I., der auch sehr jung zur Regierung gekommen war, für mündig. Dies war im Jahre 1520. Als er im Jahre 1524 vom Kurfürsten zur Hochzeit des Herzogs Albrecht von Mecklenburg verschrieben wurde, war er an den Pocken erkrankt gewesen, machte sich aber zu früh hinaus und ging nach Berlin, dieser Feierlichkeit beizuwohnen. Zurückgekehrt nach Ruppin verfiel er auf der Jagd plötzlich in ein hitziges Fieber. „Er wurde nach Hause und in einem stark geheizten Zimmer ins Bett gebracht. Das nahm ihm das Leben. Vergeblich sehnte er sich nach einem Arzt, der aus Berlin hätte herbeigeholt werden müssen. Es fehlte an barem Gelde dazu, und man hielt in seiner Dienerschaft die Krankheit auch nicht für so bedeutend. Am 26. Februar fühlte der Graf jedoch das Herannahen des Todes. Er machte sein Testament, in welchem er besonders die benachbarten geistlichen Stiftungen bedachte, um ihnen die Fürbitte für sein Seelenheil zu empfehlen. Als Hans von Zieten der Alte ihn bei dieser Gelegenheit fragte: „„Wem verlassen Ew. Gnaden Land und Leute?"" antwortete er: „„Dem Kurfürsten."" Er starb am zweiten Tage hiernach, und mit seinem Leben erlosch am Sonntage Oculi den 28. Februar 1524 das alte edle Geschlecht."

„Als der Herr verschieden was (heißt es in einem alten Liede),
„Da weinte alles, was auf dem Hause was,
„We das befroden kunte.

„Sie legten ihn auf ein beschlagnen Wagen,
„Sie führten ihn zu Ruppin in seine Stadt,
„Sie begruben ihn in das Kloster.

„Sie schossen ihm nach sein Helm und Schild,
„Da sprach de alte Gräfin (seine Mutter): o weh, o weh, mein liebes
„Daß ich hier die letzte bin."   [Kind,

„Den Schwestern des Verstorbenen, den Gräfinnen Anna und Apollonia, wurde neben einer entsprechenden Aussteuer alles in den Häusern zu Ruppin, Neustadt und Goldbeck vorgefundene bare Geld, Silbergeschirr, Bettgerät und sonstiges Gerät, Vieh, Korn und dergl. mehr überlassen oder vergütet, ausgenommen ein Pferd, gesattelt und gezäumt mit einer Barsen, Stirn- und Strohlenhals, einen Streithammer, ein Schwert, ein Bett mit einem Kissen, ein paar Laken, ein Tischtuch, ein Handtuch und zwei Becken. Diese Gegenstände wurden dem Kurfürsten nach alter Gewohnheit als Heergewette vorausbeschieden."

„Vergeblich versuchte der Freiherr von Geroldseck, der Gemahl der Gräfin Anna, Ansprüche auf die Grafschaft Lindow selbst zu machen, Joachim II. räumte nur 1548, man weiß nicht, aus welchem

Grunde, der Gräfin Anna und ihren Nachkommen die Anwartschaft auf alle in der Grafschaft ledig werdenden abligen Lehen ein. Es ist aber ein solcher Fall nie eingetreten."

Die Burg der Grafen von Alt-Ruppin hat bis zum Ende des vorigen Jahrhunderts noch zum Teil gestanden; wo man, als Neu-Ruppin abbrannte, die Steine abgebrochen und zum Aufbau dieser Stadt mit verwandt hat. Bei der Schiffbarmachung des Rhin im Jahre 1836 fand man an der langen Brücke eine eiserne Hand wie die Berlichingens und ein paar Schwerter, welche Stücke schließlich in das Museum des Gymnasiums zu Neu-Ruppin gelangt sind.

Wo die Burg gestanden, ist jetzt das Rentamt; nichts erinnert mehr an die alte Zeit, nur um Mitternacht will man noch öfter eine weiße Frau sehen, die kommt von dort herunter mit einem Schlüsselbunde an der Seite und schreitet die Hauptstraße entlang bis zur Brücke; dann kehrt sie um; sie findet aber nicht mehr die Stätte, die sie zu hüten hatte.*)

W. Schwartz: Sagen und alte Geschichten der Mark Brandenburg. Berlin. W. Hertz, 1871.
S. 128—131.

2. Die Wahrzeichen Neu-Ruppins.

Nicht bloß die alte Welt hatte 7 Weltwunder, auch Neu-Ruppin hat deren sieben aufzuweisen, nämlich: 1. einen Kanal ohne Wasser**), 2. einen Weinberg ohne Wein, 3. einen Berg ohne Höhe (den Taschenberg, eine Straße***), 4. einen Bienenkorb ohne Bienen (der Kirchturm der Pfarrkirche sieht wie ein Bienenkorb aus), 5. einen

---

*) Jede Nacht zwischen 12 und 1 Uhr ist es auf der Alt-Ruppiner Schloßbrücke nicht recht geheuer; denn es findet sich daselbst, wie es heißt, um diese Zeit eine schwarze Katze ein, die keinen Menschen vorbeiläßt. Anm. des Herausg.

**) Der wasserarme Kanal ist jetzt, da er sich durch seine übel riechenden Ausdünstungen in der heißen Jahreszeit allzu sehr bemerkbar machte, durch die Fürsorge der städtischen Behörden überwölbt. Anm. des Herausg.

***) Der Taschenberg führt jetzt den Namen Karlstraße. Anm. des Herausg.

Rosenwinkel (eine Straße) ohne Rosen*), 6. ein Kloster ohne Mönche (das alte Dominikaner-Kloster), 7. eine Nonne ohne Kloster.

Mit dem Namen Nonne bezeichnet man nämlich einen steiner= nen, säulenartigen, kleinen Bau vor dem Bechliner Thore mit einem Kruzifix darinnen. Derselbe rührt noch aus katholischer Zeit her, und zwar hat ihn ein Herr v. Wuthenow errichten lassen, nachdem er glücklich von einer Wallfahrt nach Jerusalem zurückgekehrt war. Diese Säule war vom alten Neu=Ruppinschen Rathause so weit ent= fernt, als die Schädelstätte zu Jerusalem von Pilati Richthause.

Auch die Klosterkirche hat ihr besonderes Wahrzeichen. Wenn man nämlich vom Chor aus, wo die Orgel ist, nach dem Gewölbe des Hauptschiffs hinaufsieht, bemerkt man an der Decke ein eigen= tümliches Bild, eine Maus, die eine Ratte verfolgt. Das soll nämlich so zusammenhängen. In der Zeit, als die protestantische Lehre hier in die Mark eindrang, stritten sich einmal ein katholischer und ein protestantischer Geistlicher, indem der letztere meinte, die Kirche würde auch noch protestantisch werden, der erstere behauptete, das würde nie geschehen, so wenig als jemals eine Maus eine Ratte verfolge; und siehe da, kaum hatte er dies gesagt, da sahen sie an der Decke der Kirche das Wunder, daß eine Maus eine Ratte verfolgte. Und als die Kirche dann wirklich protestantisch wurde, heißt es, da hat man zum Gedächtnis das Bild dort oben angebracht.

Neben der Klosterkirche steht nach dem See zu an der Mauer eine alte Linde. Die einen behaupten, daß in dieselbe einmal die Pest gebannt sei, die anderen sagen, darunter hätten die Mönche bei ihrem Abzuge ihre Schätze vergraben. Unter der Linde ist nämlich ein Fundament, und über demselben nur etwa drei Fuß hohe Erde, in welcher die Linde steht.**) Schon zweimal ist sie dem Eingehen

---

*) Der Rosenwinkel heißt heute Rosenstraße. Anm. des Herausg.

**) Das Fundament haben nach den schriftlichen Aufzeichnungen des Dr. Feld= mann aus der Mitte des vorigen Jahrhunderts (im Besitze des Neu=Ruppiner Magistrats) auch einmal Arbeiter gefunden, als der damalige Bürgermeister Holle dort eine Kalkgrube graben lassen wollte; es war viereckig und bestand aus ge= backenen Mauer= oder Ziegelsteinen, etwa 8 Fuß im Quadrat. „Sie gruben," heißt es, „auch noch drei Fuß tiefer, kamen aber noch nicht bis auf den Grund. Sie entblößten auch alle die freiliegenden Seiten, aber der Bürgermeister Holle ließ alles wieder zuschütten."

nahe gewesen, aber immer wieder ausgeschlagen. Wenn sie zum dritten Mal ausschlägt, heißt es, können die Schätze gehoben werden.

[Dasselbe kann geschehen, wenn man eine ganz schwarze Katze — sie darf aber nicht ein einziges weißes Haar haben — auf den Arm nimmt und mit ihr um Mitternacht dreimal stillschweigend um die Kirche herumgeht.

Überhaupt ist es zu gewissen Zeiten in der Kirche nicht geheuer. So, heißt es, fährt in der Neujahrsnacht ein mit schwarzen Rossen bespannter Wagen darin fortwährend umher; in demselben sitzen vier Personen, sämtlich ohne Köpfe. — In der Walpurgisnacht ist es die weiße Frau, welche hier ihr Wesen treibt. Mit einem großen Schlüssel= bunde und einem brennenden Licht wandert sie in dieser Nacht von der Klosterkirche in einem unterirdischen Gange, welcher unter dem See hinwegführt, nach dem Alt=Ruppiner Schlosse (Amte), klopft dort an alle Thüren, rasselt mit dem Schlüsselbunde und kehrt dann wieder auf demselben Wege zur Kirche zurück, wo sie verschwindet. — Die Nacht vom Freitag zum Sonnabend gehört den Mönchen des alten Klosters. Da kommen sie zusammen und lassen ihren gedämpf= ten Gesang vernehmen. Schon mancher, der um die zwölfte Stunde vorbeigegangen, will ihn gehört haben. Doch darf man bei Leibe nicht stehen bleiben, um zu horchen, oder gar lachen; denn dann er= hebt sich plötzlich ein Sausen in der Luft, und man erhält von einer unsichtbaren Hand ein paar kräftige Ohrfeigen, während der Gesang sofort verstummt. Überhaupt steht die ganze Umgebung des ehemali= gen Dominikaner=Klosters noch heute beim Volke in üblem Rufe. „Als mein Vater," so erzählt ein uraltes Mütterchen, „in Ruppin vor langen Jahren Nachtwächter wurde, bekam er das Viertel an der Klosterkirche. Wie das seine Kollegen hören, da warnen sie ihn: „Wenn du etwas an der Kirche übel thun hörst, so gehe ja nicht hin; denn das könnte dir schlecht bekommen." Und wirklich hört er es eines Nachts dort ganz jämmerlich klagen. Schon will er darauf zugehen, denn er meinte, es sei dort jemand zu Schaden gekommen, aber zum guten Glück kommt zufällig ein Kollege von ihm heran, und wie der das Wimmern und Stöhnen ebenfalls vernimmt, reißt er ihn mit sich fort; da auf einmal erschallt ein tüchtiges Klatschen, und alles ist vorbei. — Ein ander Mal kommt ein weißes Kalb

von der Klosterkirche her, das begleitet meinen Vater Schritt für
Schritt bis hinauf an die Ecke der Klosterstraße. Plötzlich thut
es auf dem benachbarten Hofe einen starken Schlag, und das
Kalb ist verschwunden. — Auch nach der Nonne soll öfter des
Nachts ein solches Kalb von der Klosterkirche aus gehen." — Eine
andere Erzählung lautet: „Durch die Siechenstraße fließt der Kanal,
über den ehemals eine hölzerne Brücke führte. Eines Morgens will
ein Tuchmacher von dort nach der Fabrik gehen. Wie er aber in
die Nähe der Brücke kommt, hört er das Wasser laut und immer
lauter rauschen, die Brücke aber ist verschwunden; und das konnte er
ganz deutlich sehen, da der Mond noch klar am Himmel stand.
Und so mußte er denn einen Umweg durch die Poststraße machen.
Einem anderen ist es an jenem Morgen ebenso ergangen. Als es
aber Tag wurde, war von dem Spuke nichts mehr zu sehen und zu
hören, und man konnte über die Brücke gehen, wie immer."]

Wie es aber kommt, daß das **Ruppiner Wappen** einen
Adler mit einer Kappe auf dem Kopfe zeigt, darüber berichtet eben-
derselbe Feldmann, nach einer handschriftlichen Chronik, die inzwischen
verloren gegangen, Folgendes: „Des Grafen Bediente, so Edelleute
waren, erstachen einen Bürger, als sie sich lustig machten. Der
Magistrat nahm den Thäter gefangen und verurtheilte ihn (im winter)
zum Köpfen. Dieß ward draußen bekannt, die Edelleute versammel-
ten sich dichte vorm Thore in 2 Reihen um ihn wegzunehmen, wann
er herausgeführet würde. Aber der Rath erfuhr es, hielt das äußerste
Alt-Ruppinsche thor verschlossen, führte den delinquenten ins thor und
ließ ihm da zwischen dem innern und äußern Thore, nahe beim
äußern, damit sie es draußen hören könnten, den Kopf abschlagen.
Drauf ward das Thor geöffnet, da nahmen ihn die Edelleute nach
sich. Dieses geschahe nach des Mönchen Historie und Bann; und
dieses klagte auch der Graf nach Berlin an den Markgrafen, da
ward dem Rathe zur Strafe aufgelegt, keinen bloßen oder freien
Adler mehr im Siegel zu führen, sondern über den Kopf eine Kappe
zu ziehen."

„An der einen seitenmauer des alt Ruppinischen Thors gegen
den platz dieser decollation über," setzt Feldmann hinzu, „ward, wo
jetzt die Wache steht, ein klein eisern Kreutz an der mauer angemacht;

dieses hat Referent selbst noch gesehen, ehe Printz Ferdinand dies Thor hat erweitern lassen. Der Graf hatte damals mit der stadt nichts zu thun."

Die erwähnte Mönchs-Historie und der Bann spielt aber schon im XIV. Jahrhundert und verhielt sich nach einer andern alten Aufzeichnung folgendermaßen. „Es war," heißt es, „zu Neuen-Ruppin eine Zeit her große Dieberei vorgegangen. Als nun Richter und Schöppen große Haussuchung thun ließen, fanden sie in einem Hause, in welchem ein Geistlicher, Jacob Schildiche, gewisse Kammern und Kisten inne hatte, sehr viel güldene und silberne Sachen, welche sowohl aus der Kirche als gemeinen Häusern entwandt waren. Weshalb man ihn als den rechtschuldigen in seinem geistlichen Habit und geschorenen Haaren ins Gefängniß warf. Und nachdem gedachter Jacobus des folgenden Tages öffentlich bekannt hatte, daß er nicht allein gemeine Diebstähle, sondern auch vielfältigen Kirchenraub begangen habe, ist er auf Graf Ulrichs und seiner Räthe, wie auch des Richters, Schöppen und der Burgemeister Befehl, nachdem das Volk auf das Glocken-Geläute sich versammelt hatte, durch zwei Bürger derselben Stadt, Köppelin Konyngesberge und Hening Kelber, die dazu durch Würfelloos erkohren waren, am Galgen aufgehänget worden. Da nun deshalb der Päpstliche Bann erfolget ist, so haben Richter, Schöppen, Burgemeister und die ganze Gemeine sich entschuldiget, daß sie gemeldeten Jacobum nicht aus Verachtung der Kirchen-Freiheit, sondern wegen schwerer und greulicher Verbrechen, die er begangen, aufhängen lassen, anbei behauptet, daß die Vergreifung an einer geistlichen geweihten Person ihnen herzlich leid sei. Solcher Gestalt ist ihretwegen an den Papst demüthig suppliciret worden, daß sowohl der Graf als die Einwohner der Stadt, hohe und niedrige, des Banns möchten entschlagen werden. Worauf denn Papst Bonifacius IX. Anno 1398 den 1. September im 9. Jahre seines Pontificats dem Bischof zu Havelberg anbefohlen, den Bann aufzuheben."

Übrigens erzählte man auch in Neu-Ruppin wie in Berlin von einem sogenannten Jungfernküssen, wenigstens sagt Feldmann: „Als 1756 der alte Thurm auf dem hiesigen Alt-Ruppiner Thore abgebrochen wurde, so fanden sich noch die rudera von der in alten

Zeiten bekannten Todesstrafe: „Die Jungfer küssen" genannt. Es war nehmlich oben in dem Thurme ein rundes Loch in größe einer halben Tonne, worüber vermuthlich die Wippe gestanden. Unter diesem Loche war ein leeres Gewölbe, worin sich noch verschiedene Menschenknochen fanden, dergleichen sich auch in einem alten Thurm an der See, so anno 1740 abgebrochen wurde, aufhielten."

W. Schwarz a. a. O. S. 131—135. — Die von eckigen Klammern eingeschlossenen Zusätze sind von dem Herausgeber gesammelt und in den Schwarz'schen Bericht eingeschoben.

3. Pater Wichmann in Neu-Ruppin.

In der Klosterkirche steht noch die Bildsäule vom Pater Wich= mann, einem der alten Grafen von Lindow, der das Kloster hier gegründet haben soll und sein erster Prior gewesen ist. Er soll die Gabe gehabt haben, Wunderwerke zu thun, wovon in alten Schriften namentlich eine Begebenheit erzählt wird. „Einstmals," heißt es, „hatte er jenseit der Ruppinschen See, welche dicht vor dem Kloster vorbeygehet, im Namen seines Konvents etwas zu verrichten. Wie ihn nun sehr hungert, und er bey gegebenem Zeichen der Eß=Glocke vor großer Mattigkeit den weiten Weg (um den See herum) nach der Stadt nicht wieder gehen kann, so spricht er zu seinem Gefährten: „Mein Sohn folge mir getrost," machet darauf ein Kreuz vor sich, und gehet gerades Weges über das Wasser in den Konvent, sein Gefährte aber getraute sich nicht in seine Fußtapfen zu treten, und kömmt also eine (drei?) gute Stunde hernach allererst zu Hause."

Das ist die Fassung der Geschichte, wie sie die Mönche ihrer Zeit erzählten; im Volke aber gehen zum Teil andere Darstellungen um, in denen Pater Wichmann überhaupt zu einem Zauberer wird. Er konnte, heißt es also, über das Wasser wie über Land gehen. Einmal ist ein Bauer hinter ihm hergegangen: wo Pater Wichmann austrat, da trat der Bauer ein. Zuerst that Pater Wichmann, als sähe er es nicht. Wie sie aber mitten auf dem See waren, drehte er sich um und drohte dem Bauer mit dem Finger und sagte: „Wie kannst du dich unterstehen, mir nachzugehen? Diesmal will ich dich noch mit hinüber nehmen; aber versuche es nicht wieder."

Nach anderen ist es sein Küster gewesen. Unterwegs that Pater Wichmann, als sähe er es nicht. Drüben angekommen, sagte er ihm aber, er solle sich nicht noch einmal in solche Gefahr durch seinen Vorwitz treiben lassen, denn er würde ohne alle Hilfe ertrunken sein, falls er sich zufällig dabei umgesehen hätte. Der Küster ärgerte sich aber, daß er immer um den See herumgehen müßte, während der Pater es so bequem habe. Er dachte bei sich, der Pater gönne ihm solche Macht nicht, und er wollte es noch einmal versuchen und sich doch umsehen, während er in des Paters Fußstapfen trete. Er wurde aber für seinen Ungehorsam bestraft, denn sowie er nach Ruppin zurückblickte, versank er, bevor er um Hilfe rufen konnte.

Der Ruf der Wunderthaten Pater Wichmanns ging auch über die Mark hinaus. So bringt K. Lücke (Sonntagsbeilage zur Norddeutschen Allgemeinen Zeitung vom 27. Dezbr. 1885) eine Legende bei*), welche sich an ein Bild geknüpft habe, das noch im vorigen Jahrhundert im Dominikaner-Kloster zu Köln a. R. zu sehen gewesen sei. „Es stellte einen Koch des Klosters zu Neu-Ruppin dar, welcher in der Hand einen großen Wels hielt, und hatte die Unterschrift: Frater Nicolaus de Ruppin. Die Legende aber lautete, der Koch des Klosters, Nicolaus mit Namen, habe einst, als noch am Abend viele fremde Klosterbrüder nach Ruppin gekommen, dem Pater Wichmann geklagt, der Speisevorrat reiche nicht aus. Da habe jener ihm befohlen, er solle nur durch das Pförtchen, so von dem Klostergange nach dem See hinausführe, gehen und im Namen des Priors den Fischen befehlen, daß einer von ihnen herkäme, um sogleich den angekommenen Gästen zur Sättigung zu dienen. Der Koch habe gethan, wie ihm geheißen, und sogleich sei ein großer Wels zu ihm ans Ufer geschwommen gekommen, welchen er mit den Händen ergriffen und nach der Küche getragen habe, wo derselbe dann zubereitet worden."

Nach einigen soll es auch nicht ein Riese, sondern Pater Wichmann

---

*) Die von Lücke beigebrachte und hier in den Text eingeschaltete Legende (W. Schwartz, Anhang Nr. 17) findet sich schon bei Riedel und Kuhn. S. unten die Quellenangabe. Anm. d. Herausg.

gewesen sein, der einen Damm durch den Ruppiner See hat bauen wollen, welcher doch die Grafschaft der Länge nach durchschneidet und in zwei Teile teilt. An zwei Stellen hat er von der Ruppin entgegengesetzten Seite angefangen, den See zuzudämmen, einmal, wo beim Fährhahn (am Fährhause) sich eine Spitze gerade der Klosterkirche gegenüber ins Wasser hineinzieht, und dann bei der Ziegelei zwischen Gnewikow und Karwe, einer Stelle, die man noch die scharfe Ecke nennt. Beide male ist ihm aber das Schürzenband gerissen, wie er Erde in seiner Schürze herbeitrug. An der scharfen Ecke sieht man es noch deutlich, wie die Sandbank sich weit ins Wasser hineinzieht, da ist es auch schon manchem Schiff schlecht ergangen, wenn die Schiffer dies nicht beachtet und zu dicht ans Land gehalten haben.

Vor seinem Tode hat übrigens Pater Wichmann bestimmt, daß er in einen gläsernen Sarg gebettet und dieser noch in einen silbernen gesetzt werden solle. Ferner solle auf sein Grab eine Linde gepflanzt werden, und wenn die Linde vergangen sei, dann könne man sein Grab öffnen, aber nicht eher. Die Linde hinter der Klosterkirche, unmittelbar an (dem Durchbruch) der alten Stadtmauer auf dem Klosterkirchhof, wird von vielen als diejenige bezeichnet, unter der Pater Wichmann begraben liege. Alle Neujahrsnacht von 12 bis 1 Uhr kommt er noch in einer Kutsche, welche mit zwei schneeweißen Pferden ohne Köpfe bespannt ist, die Klosterstraße entlang zur Kirche, um zuzusehen, ob seine Anordnungen in betreff der Linde auch aufrecht erhalten werden. Mehrere Leute aus der Klosterstraße behaupten, das Rollen der Räder gehört zu haben, nicht aber den Hufschlag der Schimmel; Sonntagskinder können auch die Kutsche und die Pferde sehen.*)

W. Schwartz a. a. O. II. Aufl. 1886. S. 131—133 nebst Anhang No. 17. S. 186. 187. Außerdem vgl. Riedel: Geschichte der Kloster-Kirche zu Neu-Ruppin S. 7. 8. und Adalbert Kuhn: Märkische Sagen und Märchen u. s. w. Berlin. G. Reimer. 1843. S. 160. 161.

---

*) Andere freilich erzählen, daß dies nicht der Pater Wichmann sei, sondern der General Bremer (vielleicht verwechselt mit v. Bömcken?); der habe früher das Ferdinand'sche Regiment gehabt und „ganz gräßlich in seinem Leben gehandelt"; darum könne er auch jetzt noch keine Ruhe im Grabe finden, und jage oft in voller Uniform mit seinen kopflosen Schimmeln in der Geisterstunde durch die Straßen Ruppins. Anm. d. Herausg.

Von Pater Wichmann erzählte mir eine alte Frau noch folgende Geschichte:

„Zur Franzosenzeit, ich war damals freilich noch ein ganz kleines Kind, habe es aber oft von Vater und Mutter gehört, wurde die Klosterkirche als Magazin benutzt, das stets ein Mann aus der Stadt Tag und Nacht bewachen mußte, und dafür bekam er einen Thaler. Dabei ist es einem mal ganz merkwürdig ergangen. Wie er so in Gedanken versunken dasteht, es war gerade um Mitternacht, hört er auf einmal leise die Orgel gehen. Die Kirche ist plötzlich ganz hell, und vor dem Altare steht Pater Wichmann und reicht gerade zwölf Jungfrauen das heilige Abendmahl. Wie das vorüber war, schwieg die Orgel, und Licht und Jungfrauen und Pater waren ebenso plötzlich wieder verschwunden, wie sie erschienen waren. Eine Stimme aber bedrohte den Mann, er solle von dem, was er gesehen, ja nichts erzählen, sonst würde es ihm schlecht ergehen; der aber konnte keinen reinen Mund halten, und da hat es ihm denn Tag und Nacht keine Ruhe gelassen, bis er vor aller Angst und Aufregung kurze Zeit darauf starb."

Mündlich.

---

4. Die Kurfürsteneiche auf dem Walle zu Neu-Ruppin.

Im Norden der Stadt Neu-Ruppin zieht sich vom Tempelthore bis zum Rheinsberger Thore der von schönen und zum Teil sehr alten Bäumen beschattete dreifache Wall hin. Hat man auf dem äußersten dieser Promenadenwege vom Tempelthore aus den Klappgraben überschritten, so stößt man auf eine alte knorrige Eiche, deren Umfang in Mannshöhe ca. 5½ Meter beträgt. Neben derselben hat der Verschönerungsverein eine Ruhebank aufgestellt. — Von dieser Stelle aus soll der große Kurfürst nach der Schlacht bei Fehrbellin den über die kahlen Berge abziehenden Schweden nachgeschaut haben.

Mündlich.

5. Der Spuk auf dem Kirchplatze zu Neu-Ruppin.

Ebenso wie an der Klosterkirche ist es auch auf dem Kirchplatze recht unheimlich; denn dort, heißt es, wurde vor langer Zeit begraben, und noch heute spukt da mancher herum, der in seinem Grabe keine Ruhe finden kann. — Kam mal einer des Nachts über den Platz, und der Mond schien recht klar vom Himmel herunter, da sieht er, wie ihn plötzlich aus dem Gebüsch zwei große, feurige Augen anfunkeln, und wie er näher kommt, merkt er, daß sie einem weißen Hund angehören, der immer größer und größer wird, aber sich sonst nicht vom Flecke rüppelt und rührt. Da bekommt er es mit der Angst, er geht langsam, ohne den Hund aus den Augen zu verlieren, rückwärts vom Platze herunter, und wie er auf den Damm kommt, da ist der Hund verschwunden. — Ein ander Mal war es einer Hebamme dort angethan. Die war noch spät abends von Hause hinweggerufen und will eilig über den Kirchplatz laufen; aber wie sie auch läuft und läuft, sie kommt nicht herunter. Schon ist sie vor Angst wie in Schweiß gebadet, da bemerkt sie ein Nachtwächter, der sie endlich auf den Damm führt. — Auch vor der Sakristei ist es nicht richtig. Da sitzt öfter ein altes Mütterchen mit einem großen Kopftuche in altmod'scher Kleidung und ruht ihre müden Glieder, redet aber kein Wort, so oft sie auch schon angesprochen ist. — Sobald in der Stadt jemand stirbt, meldet die Totenkutsche, die in der Nacht vorher lautlos zwischen der Wohnung des Oberpredigers und dem Nachbarhause durch die Lüfte nach dem Kirchplatze fährt, den bevorstehenden Todesfall an.*)

Mündlich.

---

*) In den Heydemann'schen handschriftlichen Sammlungen zur Geschichte Neu-Ruppins (der Bibliothek der Pfarrkirche gehörig) fand Herr Prediger Bittkau folgende Aufzeichnung: „Als eine ganz dunkle Sage, die in ihren einzelnen Zügen nicht mehr vorhanden ist, erzählt man, daß zuweilen um Mitternacht ein Jude ohne Kopf durch die Stadt fahre. Auch der Weg, den er auf dieser Fahrt zurücklegt, ist nicht mehr ganz bestimmt. Er schließt sich an die Straßen der Stadt an, wie sie vor dem Brande waren. Die Fahrt soll von der Gegend der Eiche auf dem Pfarrkirchenplatze, der dort (vor dem Brande) von der Judenstraße begrenzt wurde, ausgehen, dann sich durch das Häuserviereck, in dem sich die Superintendentur (Oberpredigerhaus) befindet und das früher von einer Straße durchschnitten war,

6. Die große Glocke in der Marienkirche zu Neu-Ruppin.

Aus Beckmanns Manuskript über Neu-Ruppin (im Königl. Geheimen Staatsarchive zu Berlin) berichtet K. Lücke in der Beilage zur Märkischen Zeitung vom 17. August 1884 folgende Sage von der großen Glocke in der Marienkirche*):

„Man hat eine alte Tradition, daß bei Gießung und Verfertigung dieser schönen Glocke eine vornehme adelige Jungfer eine ziemliche Schürze voll Silber und Goldes zu der noch über dem Feuer stehenden Materie geschüttet und dabei gesaget:

So wahr ich eine reine Jungfer bin,
So wahr muß auch diese Glocke rein klingen.“

7. Die Ruppiner Kobolde.

Als die Stadt Neu-Ruppin am Ende des vorigen Jahrhunderts abbrannte und schon die Kirche in Flammen stand, sah man hoch oben auf dem Turme einen kleinen roten Kobold, der bald hier bald da

fortsetzen bis nach der Klosterstraße hin und dann diese entlang bis zur Klosterkirche.“ — Wie mir scheint, geht die Sage von der Totenkutsche, die Fahrt des Juden, des Pater Wichmann und des General „Bremer“ auf einen gemeinsamen Ursprung zurück.

*) Kirche und Glocke sind bei dem großen Brande 1787 vernichtet worden. Das Feuer kam am 26. August nachmittags gegen 2 Uhr in den Scheunen vor dem Berliner Thore zum Ausbruch und äscherte fast zwei Drittel der Stadt ein. Mit Hilfe des Königs Friedrich Wilhelm II. wurde Ruppin schöner und größer wieder aufgebaut. Die dankbaren Bürger errichteten ihrem Wohlthäter dem Gymnasium gegenüber ein Standbild. — Eine sagenhafte Notiz über den Brand findet sich noch in „Anekdoten, Sittengemälde aus der Preußisch-Brandenburgischen Geschichte. Drittes Heft. Berlin 1791. Bei Karl Matzdorff.“ Daselbst heißt es S. 36: „Als Neu-Ruppin abgebrannt war, hatten einige Leute vorher nach ihrer Meinung die Glocken zuweilen willkürlich anschlagen hören und wußten dies sehr sinnreich nachher auf das Unglück der Stadt zu deuten.“

aus den Luken herausschaute und die unten stehenden Leute, denn der Kirchhof war ganz mit Menschen angefüllt, auslachte. Wie er aber hinaufgekommen, wußte sich niemand zu erklären, denn die Thüren der Kirche und des Turms waren alle fest verschlossen.

Ein anderer Kobold hält sich in der Nähe des Sees auf, und oft hören die Fischer abends jemanden mit lauter Stimme rufen: „Hol ööwer!" Fahren sie dann nach der andern Seite des Sees hinüber, so ist niemand da, und sie erkennen zu spät, daß der Kobold sie gefoppt, dessen lautes Hohngelächter auch alsbald aus dem Dickicht des Rohrs erschallt.

A. Kuhn a. a. O. S. 159.

8. Doktor Fauft.

Der Doktor Faust soll ehmals auch zu Neu-Ruppin gelebt haben, und man erzählt namentlich, daß er gewöhnlich des Abends mit einigen Bürgern Karten spielte und sehr viel gewann. Eines Abends nun fiel einem seiner Mitspieler eine Karte unter den Tisch, und als er sie aufhob, bemerkte er, daß der Doktor Pferdefüße habe; da *ist denn* allen sogleich klar gewesen, warum er immer so viel gewinne. — Lange Zeit nach seinem Tode hat man ihn noch öfter in einem Dickicht am See mit mehreren Leuten am Tisch sitzen und Karten spielen sehen, und da soll er noch jetzt sein Wesen treiben.

A. Kuhn a. a. O. S. 160.

9. Der Brauer Schuhmann.

Vor alten Zeiten wohnte in der Klosterstraße zu Neu-Ruppin ein sehr wohlhabender Brauer, namens Schuhmann. Sein Geschäft blühte; denn schon damals tranken die Ruppiner, besonders aber die Mönche um die Klosterkirche herum, viel Bier. Einst verweigerte unser Brauer den Mönchen zu einer Festlichkeit einige Tonnen Freibier, und das erzürnte dieselben so sehr, daß sie ihn seit der Zeit auf jegliche Weise verfolgten, ihn in Mißkredit brachten und so sein ganzes Geschäft ruinierten. Aus dem reichen Brauer wurde ein armer Mann. Das konnte er ganz und gar nicht ertragen: er sann und sann, wie er sich aus dem Elend befreien möchte. Da gab ihm einer seiner Freunde aus der schönen alten Zeit den guten Rat, sich mit dem Bösen zu verbinden; es würde ihm dann an nichts mehr fehlen. — Nach mancherlei Bedenken folgte er dem Rate, und von nun an ging es in dem Schuhmann'schen Hause trotz Möncherache und Nachbarneid hoch her. Tag für Tag wurde in Saus und Braus gelebt, großartige Gelage wurden gehalten, so daß der Jubel dabei über das Kloster hinweg bis nach Wuthenow erschallte, und es schien der neue große Reichtum des Brauers nimmer ein Ende nehmen zu wollen.

So ging es fort, bis der Kontrakt mit dem Bösen abgelaufen war. Am letzten Tage ging es toller denn je; denn Schuhmann wollte großartig schließen. Am Abend spät hörte man es leise klopfen, und Schuhmann verzog sich still aus dem Zimmer. Plötzlich vernahm man aus der Küche ein lautes Krachen. Man eilte dahin und hatte noch gerade so viel Zeit, zu sehen, wie der Böse in Gestalt einer schwarzen Krähe zum Schornstein hinausfuhr, während der Brauer mit zerschmetterten Gliedern am Feuerherde lag.

Groß war darob der Schrecken im Hause und in der ganzen Stadt. Was sollte nun aber mit der Leiche werden? Die Mönche, die Priester und alle ehrbaren Bürger der Stadt wollten dieselbe nicht auf dem Kirchhofe, nicht einmal in der Nähe desselben beerdigt wissen. Da beratschlagten in der Stille seine Freunde, was zu thun sei, und kamen dahin überein, die Leiche unbemerkt nach dem sogenannten Gänsepfuhl, zwischen den kahlen Bergen und Storbeck gelegen, zu tragen und sie dort in den damals noch unergründlichen Morast zu versenken. So geschah es denn auch. Man mußte aber in der Dunkelheit wohl nicht den richtigen Ort getroffen haben; denn Schuhmann ging des Nachts daselbst um und suchte nach Gesellschaft.

Solche wollte sich aber wohl an hundert Jahre lang nicht finden; denn jedermann vermied ängstlich und sorgsam die Stelle.

Da begab es sich, daß einst spät ein Schweinehändler die Straße

von Wittstock herkam. Derselbe hatte seinen Handel zeitlebens sehr
betrügerisch betrieben, den kleinen Mann beim Verkaufe zu sehr ge-
schröpft und mancher armen Frau ein krankes Schwein für ein gesundes
verkauft, ohne Ersatz dafür zu geben, wenn es krepierte. Jetzt wollte
er sich mit dem ungerecht erworbenen Mammon zur Ruhe setzen und
seinen Reichtum behäbig genießen. — Auf der öden Wittstocker Straße
hatte er heftigen Durst bekommen und freute sich sehr, wie er von
den kahlen Bergen aus Wasser blinken sahe. Schnell eilte er darauf
zu und traf gerade die Stelle, wo Schuhmann umging. Der nahm
ihn sofort in Beschlag, versank mit ihm in die Tiefe, und beide sollen
bis zur Schwedenzeit noch oft um Mitternacht in jener Gegend gesehen sein.

Mitgeteilt durch Herrn Lehrer a. D. Schmidt zu Neu-Ruppin.

Den letzten Teil der Sage erzählt man sich auch in folgender
Fassung:

Als Schuhmann gestorben war, da wurde er trotz seines Reich-
tums auf dem Armenkirchhofe, da wo jetzt der Paradeplatz ist, begraben;
aber er fand keine Ruhe im Grabe und spukte fort und fort und machte
die ganze Gegend unsicher*). Da grub man die Leiche wieder heimlich
aus, brachte sie nach dem Gänsepfuhl und versenkte sie dort mit dem
Sarge in dem Moraste. Aber auch hier hat der gottlose Brauer
nicht zur Ruhe kommen können. Wer ihm des Nachts zu nahe kommt,
der kann von Glück sagen, wenn er ihm nur aufhockt und sich eine
gute Strecke mitschleppen läßt, oder wenn er ihn nur auf Abwege
verlockt, so daß er schließlich an eine ganz andere Stelle gelangt, als
er eigentlich wollte. Manchem aber ist es dort noch schlechter ergangen;
denn so manchen, der im Leben nicht recht gehandelt, hat er dort
erwürgt oder den Hals umgedreht und ihn am Rande des Pfuhles
liegen lassen, oder auch wohl in den Sumpf hineingezerrt. Aber mit

---

*) Auch heute noch, so erzählen wieder andere, spukt Schuhmann auf dem
Paradeplatze des Nachts herum; dem einen hockt er auf, darum nennt ihn auch das
Volk „den Huckemann", den andern führt er an der Nase herum, so daß er Zeit
und Mühe gebraucht, ehe er sich wieder vom Platze herunterfindet.

besonderer Vorliebe hat er in dem dichten Erlengebüsch an der Linden-allee, da wo jetzt der Exercierplatz ist, den Holzdieben aufgelauert. Früher nämlich betrieben die Ruppiner Bürger den Holzdiebstahl in der städtischen Heide im großen mit Pferd und Wagen. Wenn sie nun am Anfange der Lindenallee halt machten, um sich durch einen guten Schluck aus der Flasche wieder zu erfrischen oder zu erwärmen, da ist es ihnen gar oft passiert, daß ihnen Schuhmann die Pferde verhexte, daß sie nicht wieder anzogen, so lange auch nur ein Scheit gestohlenes Holz sich auf dem Wagen befand. Wollte man also nicht bis zum hellen Morgen hier halten, und das war sehr gefährlich, so mußte man denn das Holz vollständig abladen, und so war denn alle Mühe umsonst gewesen. Jetzt hat das Stehlen — so im großen — aufgehört, und da ist nur Schuhmann daran schuld, denn dem kommt keiner gern in den Weg.

Mündlich.

Nach einer Aufzeichnung Heydemanns *) soll Schuhmann in der Mitte des vorigen Jahrhunderts gelebt haben. Nach Ablauf seines Kontraktes mit dem Teufel kommt während eines prächtigen Gast-mahles, das Schuhmann veranstaltet, ein Wagen vorgefahren, ein anständig gekleideter Herr steigt heraus und wünscht den Hausherrn zu sprechen. Dieser erscheint und wechselt mit dem Unbekannten einige Worte. Darauf kehrt Schuhmann in das Zimmer zurück und teilt den Seinigen sein Verhältnis zum Teufel mit; alsdann geht er wieder hinaus, ohne zu sagen, wohin. Als er nicht zurückkehrt, sucht man ihn und findet ihn endlich im Stalle in einer Blutlache liegen; dort, heißt es, habe ihn der Teufel erwürgt. Aufgeklärtere freilich meinten, so fährt Heydemann fort, er habe sich dort erhängt, doch sei bald nach seinem Tode der Strick gerissen, und Schweine, die in den Stall hineingekommen, hätten ihn angefressen. Als man für Geld und gute Worte einige Leute vermocht hatte, ihn zu Grabe zu tragen, und der Sarg sich kaum einige Schritte vom Hause entfernt hatte, hörte man hinter sich ein schallendes Gelächter. Man blickte sich um und siehe!

---

*) Mitgeteilt von Herrn Prediger Bittkau.

Haase, Sagen.

2

da stand Schuhmann oben an dem Giebelfenster — denn damals
standen alle Häuser in der Stadt mit dem Giebel nach der Straße
— und lachte aus vollem Halse. Den Leichnam trug man zwar aus
der Stadt heraus und scharrte ihn in einer Ecke des Gottesackers ein,
aber der Geist des unglücklichen Mannes ging um als ein Gespenst,
das niemanden im Hause in Ruhe ließ. Die Bewohner wandten alle
Mittel an, dasselbe los zu werden, aber alles war umsonst. Denn
erst bei dem großen Brande sind alle Gespenster in der Stadt ver-
brannt und lassen sich daher jetzt nicht mehr sehen. — In dieser
großen Not der Hausbewohner kam einst ein reisender Scharfrichter,
welche, wie noch jetzt viele glauben, manche geheime Künste verstehen.
Der unternahm es für ein gut Stück Geld, diese armen Leute von
dem umgehenden Geiste des Schuhmann zu befreien. Er lockte ihn
in seinen Sack hinein und trug ihn nach dem Gänsepfuhl. Dort
wies er ihm für die Zukunft das Gebiet für seine nächtlichen Erscheinungen an, durch die er die Vorübergehenden schreckt oder in den
Pfuhl lockt.

---

10. Ein Vertrag mit dem Teufel.

In der Poststraße zu Neu-Ruppin wohnte im vorigen Jahrhundert ein Mann, der durch Wucher und andere unredliche Mittel
sich ein großes Vermögen erworben hatte. Man erzählte von ihm,
er habe mit dem Teufel einen Vertrag abgeschlossen, und diese Ver-
mutung wurde durch den schrecklichen Tod des Mannes nur allzu sehr
bestätigt. Als derselbe nämlich einst die Hochzeit seiner Tochter feierte,
führte er, von den reichlich genossenen Getränken erhitzt, allerlei gottes-
lästerliche Reden. Plötzlich, es mochte gegen Mitternacht sein, verstummte der Hochzeitsvater und verließ bleich und zitternd das Zimmer,
in dem die Gesellschaft versammelt war. Als man nun lange, aber
vergebens auf das Wiedererscheinen des Hausherrn gewartet hatte,
begab man sich endlich hinaus, um ihn zu suchen. Großes Befremden
erregte der Umstand, daß das Licht, welches so lange auf dem Flure
gebrannt hatte, erloschen war. Als man Lichter herbeigeholt hatte,

fand man den Hausherrn starr und kalt mit schrecklich verzerrten
Zügen in einer Blutlache liegen. Das Gesicht war ihm zur Seite
gewandt und konnte, so sehr man sich auch abmühte, nicht wieder nach
vorn gedreht werden. Die Blutflecken aber, mit denen Wand und
Decke besudelt waren, waren nicht zu vertilgen, so oft man auch die
Stellen übertünchte; ja, als man die Steine von diesen Stellen her-
ausgeschlagen und durch neue ersetzt hatte, erschienen auch auf diesen
die Blutspuren. — Auch erzählen einige, es sei alle Jahr in einer
Nacht gegen 12 Uhr ein Stöhnen und Poltern zu hören gewesen,
das bis gegen 1 Uhr gedauert habe. Erst seitdem an Stelle des
alten Hauses ein neues entstanden, habe der Spuk sein Ende erreicht.

Mündlich.

11. Der Schmied im Mond.
(Eine Ruppinsche Sage.)

Viele sagen, im Mond sei ein Mann mit einem Reisigbündel;
das ist aber nicht wahr, sondern es ist ein Schmied. Davon hat man
auch noch eine ordentliche Geschichte im Ruppinschen. Es war einmal
ein Schuhmacher, der bekam an einem Montag von seiner Frau Geld,
um Leder einzukaufen. Wie er nun beim Wirtshause vorbei kommt,
sieht er seine Collegen darinnen, die lassen ihn nicht vorbei, er muß
hineinkommen. (Des Montags arbeiten nämlich die Schuhmacher,
heißt es, nicht, da trifft man sie im Wirtshaus.) Als er nun ohne
Leder und ohne Geld nach Hause kommt, da ist die Frau natürlich
sehr böse und schilt ihn gehörig aus. Den andern Tag schickt sie ihn
wieder mit Geld aus, daß er Leder kaufe. „Vorbeigehen," denkt er,
„kannst du schon beim Wirtshaus; aber hineingehen thust du diesmal
nicht." Aber es kam doch wieder wie das erste Mal: er vertrank
das Geld und bekam wieder böse Reden von seiner Frau zu hören.
Als ihm nun seine Frau den dritten Tag wieder Geld gab, und es
ebenso ging wie die beiden vorigen Tage, da wollte er nicht wieder
nach Hause gehen, sondern ging in den Wald und wollte sich an

2*

einem Baum aufhängen. Als er nun so an einem Baume stand und mit dem Messer den Bast abschälte, um daraus einen Strick zu flechten, kam ein Herr gegangen, der fragte ihn, was er da mache. „Ich will einen Strick binden," sagte der Schuhmacher, „und mit demselben alle Teufel in der Hölle zusammenbinden." Da bekam der Herr, es war der oberste der Teufel, einen Schreck und sagte, das solle er nur bleiben lassen, er wolle ihm auch so viel Geld geben, daß der ganze Stiefel davon voll würde. Da war der Schuh- macher zufrieden und ging nach Hause, machte sich und seiner Frau eine Hacke und sagte ihr, als sie sich darüber wunderte, sie solle nur ruhig sein, sie würden so viel Geld bekommen, daß sie es damit zusammenkratzen müßten. Darauf nahm er einen großen Stiefel, schnitt die Sohle unten ab und hängte den Stiefel in den Schorn- stein. Und es dauerte auch gar nicht lange, da kam der Teufel an; aber, wenngleich er auch Sack auf Sack herbeischleppte, der Stiefel wurde nicht voll, denn alles fiel hindurch und immer in den Schorn- stein hinein. Als nun der oberste der Teufel sah, daß seine ganze Schatzkammer fast leer geworden, sagte er zu einem andern Teufel: „Dem Schuhmacher können wir das Geld nicht lassen. Geh' hin- unter und sieh', daß du es ihm durch eine Wette abgewinnst. Das Geld soll dem gehören, der von dem andern drei Pfeifen Tabak rauchen kann." Als nun der Teufel zum Schuhmacher kam und ihm das vorschlug, war der es zufrieden und sagte, der Teufel müsse aber zuerst von seinem Tabak rauchen, und damit nahm er eine Flinte, hielt sie ihm an den Mund und drückte los. Das war dem Teufel aber doch zu starker Tabak, und er machte sich davon. Als er oben ankam, sagte der oberste der Teufel wieder, er müsse noch einmal hinunter und „wer zuerst einen Hasen finge, dem solle das Geld gehören." — „Ist mir schon recht," sagte der Schuhmacher und steckte drei graue Kaninchen in einen Sack. Als er das erste nun laufen ließ, wollte der Teufel nach, da zog der Schuhmacher das zweite hervor; während aber der Teufel nun vom ersten abließ und diesem nachsprang, holte der Schuster rasch das dritte hervor und rief: „Hier habe ich einen Hasen"; da zog der Teufel auch diesmal niedergeschlagen ab. Aber sein Herr schickte ihn noch einmal hinunter. „Unsere Schatzkammer," sagte er, „ist doch leer, da nimm die eiserne

Thür von derselben, die ist so doch zu nichts nütze; wer die am höchsten wirft, soll das Geld haben." Als der Teufel wieder zum Schuhmacher kam, war der auch damit zufrieden, verlangte aber, daß der Teufel es ihm erst vormache. Der warf denn auch die Thür so hoch, daß, als sie herunterfiel, sie tief in die Erde eindrang. „Nun hole sie erst nur wieder heraus," sagte der Schuster. Während dessen sah er aber hinauf nach dem Monde, der schien gerade so schön hell. „Was siehst du denn so nach dem Monde?" fragte der Teufel. „J," sagte der Schuhmacher, „der Schmied da oben im Mond, das ist mein Bruder, dem will ich die Thür hinaufwerfen, der kann sie als altes Eisen benutzen." Da erschrak der Teufel und sah, daß er überwunden war, und der Schuhmacher behielt das Geld. Es sieht aber auch wirklich so aus, als ob im Monde ein Schmied stände; wenn jener so recht hell scheint, kann man ihn sehen mit Amboß und Hammer.

W. Schwartz u. a. O. S. 137—139. — II. Aufl. 1886. S. 145—148.

12. Die Kuhburg und die Räuberkuhle bei Neu-Ruppin.

„Auf der Feldmark der Kahlberge bei Neu-Ruppin," berichtet Feldmann, „finden sich noch jetzt die Überreste eines alten Gemäuers, „die Kuhburg" oder auch wohl „die Warte" genannt, von welcher man weit in das Land hat hinaussehen können, und welche im Jahre 1715 zum Bau des (damaligen) neuen Rathauses abgebrochen wurde. Sie stand an der Landwehr und ist ehedem gegen die Streifereien der Nachbarn bei den einheimischen Kriegen zur Beschirmung der auf dem Felde weidenden Herden gebraucht worden. Es hat auf ihr in unruhigen Zeiten immer jemand lauern und die Ankunft der Feinde gleich durch ein Zeichen andeuten müssen." — „Auf dem mittelsten Felde ist dann die Räuber= oder Wolfsgrube." Dort haben sich früher Räuber (oder Römer, wie ein Erzähler sagte!) aufgehalten. Niemand konnte sie in dem dichten Walde, der damals in der Gegend war, finden. Sie hatten aber ein kleines Mädchen gestohlen, das mußte ihnen die Wirtschaft führen und immer nach Alt-Ruppin hineingehen, dort einzukaufen. Da haben es einmal die Leute in Alt-Ruppin überredet und ihm Erbsen mitgegeben, die sollte es streuen, wenn es nach Hause ginge. Das hat es denn auch gethan, und so hat man den Schlupfwinkel der Räuber gefunden und sie aufgehoben. Die Stelle ist dann zugeschüttet worden, aber noch immer sieht man im Park zu Gentzrode, rechts vom Wege, der von Neu-Ruppin kommt, eine Vertiefung, wo die Räuberkuhle, wie man sie gewöhnlich nennt, gewesen.

W. Schwartz e. a. O. I. Aufl. S. 139. 140.

13. Die Hexe im Teufelssee.

An den Hintergebäuden der Försterei Tornow vorbei führt ein Fußpfad hinab in eine von Kieferngehölz bestandene Schlucht, an deren einem Ende der kleine, dichtumschattete und fast kreisrunde Teufelssee liegt. Dieser See, heißt es, habe seinen Namen daher erhalten, daß man einst versucht habe, den Teufel darin weiß zu waschen.

Aber auch noch eine andere Sage ist von ihm im Volke bekannt.

Einst trieb hier, so erzählt man sich in Zermützel, einem in der Nähe gelegenen Dorfe, Frau Klöckner aus Binenwalde, eine arge Hexe, ihr Wesen. Schon oft war sie, wenn einer dort angelte, blutrot aus dem Wasser emporgestiegen und hatte den einsamen Angler am Lande getötet oder auch wohl mit sich in das kühle Wasser hinabgezogen. Vergebens suchte man diesem Treiben ein Ende zu machen. Da kam man denn auf den Gedanken, sie zu erschießen; aber so oft man es auch versuchte, keine Kugel wollte treffen; ja der leichtsinnige Schütze konnte von Glück sagen, wenn er selbst bei dem Wagstück mit heiler Haut davonkam, da die Kugel jedesmal zurückprallte. Da meinte denn einer, der in solchen Dingen Bescheid wußte, man solle nur eine silberne Kugel in das Gewehr laden, dann würde man sie schon treffen, denn eine Hexe könne nur mit Silber erschossen werden. Aber man befolgte den Rat nicht, da man fürchtete, die Sache könne zu teuer zu stehen kommen, wenn sie öfter fehl schlüge. Schließlich gelang es eines schönen Tages, die Hexe mit einem Milchbrote in eine Flasche zu locken und diese fest zu verkorken. Darauf machte man sich denn mit der Flasche nach Rheinsberg auf den Weg. Aber unterwegs ging die Flasche durch irgend einen Zufall auf, und die Hexe entkam nach dem Hacht, einer dicken Schonung in der Nähe von Rheinsberg, und dort soll sie noch heute ihr Wesen treiben.

Mündlich.

---

14. Die Hexe von Boltenmühle.

Einem Müllergesellen auf Boltenmühle erschien einst um Mitternacht ein Geist, der sich erbot, ihn an einen Ort zu führen, an welchem ein Schatz vergraben sei. Der Geselle ging nicht mit, machte aber seinem Meister von dieser Erscheinung Mitteilung. Dieser riet ihm, wenn der Geist abermals erschiene, ihn zu fragen, ob er (der Meister) mitgehen dürfe. Der Geist kam in der folgenden Nacht wieder und erlaubte es. Er bezeichnete nun den Ort, wo das Geld vergraben lag, und sagte, daß ein großer schwarzer Hund als Wächter bei dem Schatze liegen würde, doch brauchten sie sich vor diesem nicht zu fürchten. Meister und Geselle gruben und fanden richtig den Schatz, den sie unter sich teilten. Damit war aber die Meisterin nicht zufrieden. Sie wollte das Geld ungeteilt haben und erschlug daher den Gesellen mit der Axt.

Nicht lange nach dieser Blutthat starb sie. Als man aber ihren Sarg etliche Schritte getragen hatte, erschien sie plötzlich am Fenster der Mühle, spie aus demselben heraus und klatschte unter schallendem Gelächter laut in die Hände. Man öffnete den Sarg und fand statt der Leiche einen alten Besen darin. Sarg und Besen wurden beerdigt; die Alte aber spukte auch fernerhin und trieb viel unflätig Wesen. Der Meister suchte Hilfe. Gegen vieles Geld fanden sich endlich zwei Juden, welche das Gespenst vertreiben wollten. Sie stellten eine Flasche in einen Winkel der Mühle, und nun wurde eine Hetze mit Ruten vorgenommen, bis es gelang, den Spukgeist in dieselbe hineinzutreiben. Die Flasche wurde verkorkt, verbunden, versiegelt und in einer Schlucht links des Weges von der Mühle nach Neu-Ruppin vergraben.

Auf der Mühle spukt es seitdem nicht mehr, aber in der Schlucht ist es nimmer richtig. Einmal kamen des Müllers Leute mit einem Fuder Heu an dieser unheimlichen Stelle vorüber. Der Knecht sagte zu seinen Begleitern: „Nehmt euch nur hier vor der Alten in acht" Da bemerkte er, daß die Heugabel verloren war. Indem er zurück geht, sie zu suchen, klettert ihm die Alte auf den Rücken und hält ihn fest. Da der Knecht nicht zurückkehrte, fuhren die übrigen Leute ohne ihn nach Hause. Als man ihn aber auch am andern Morgen noch vermißte, machte man sich auf, ihn zu suchen, und fand ihn endlich blutig gekratzt, fast leblos und in der Erde wühlend da, wo die Heugabel vom Wagen gefallen war.

Mitgeteilt durch Herrn Lehrer Sehse zu Dierberg.

15. Der Riesenstein bei Schwanow.

Schwanow hatte bis vor etwa 40 Jahren einen Riesenstein aufzuweisen, auf welchem sich Fingerabdrücke befanden. Der lag auf einer Anhöhe inmitten einer der Gutsherrschaft gehörigen Wiese. Von ihm ging die Sage, daß ein Riese mit demselben von einem Berge bei Zechow aus die Kirche (das Bethaus) zu Schwanow habe einwerfen wollen, aber den Stein über dieselbe hinweggeschleudert habe. — Dieser Stein ist gesprengt und hat ungefähr drei Schachtruten Stücke gegeben. Unter demselben haben altertümliche Kriegswaffen gelegen und angeblich auch ein großer Schatz. Diesen haben, so heißt es, die Arbeiter wohlweislich in der Stille der Nacht auf einer Karre nach Hause geschafft, jene aber der Gutsherrschaft abgeliefert.

Mitgeteilt durch Herrn Lehrer Kahn zu Klosterheide.

16. Der große Schäfer von Braunsberg.

Während der Regierungszeit Friedrich Wilhelm I. lebtein Brauns=
berg ein Schäferknecht, ein großer, schöner junger Mann. Die
Werber des Königs hatten längst ihr Augenmerk auf ihn gerichtet
und versuchten ihn durch Vereinbarung für das Regiment zu gewinnen.
Der Schäfer wollte aber lieber seine Wollträger hüten, als sich selbst
im bunten Rock kommandieren lassen.

Als er aber einst in einer schönen Sommernacht sorglos in
seiner Schäferkarre bei der Herde schlief, kamen die Werber, schlugen
die Thür der Karre zu und fuhren mit dem Schäfer davon.

Der Fang wäre nicht übel gewesen, wenn man den Vogel ge=
habt hätte. Der aber war durch eine Fallthür entkommen und hütete
am nächsten Morgen wieder seine Schafe, wobei er Strümpfe von
ihrer Wolle strickte.

Nach einiger Zeit kam des Weges, an welchem der Riesenschäfer
mit seiner Herde weilte, ein alter Mann, der sich mit ihm in ein
Gespräch einließ. Der Wanderer teilte ihm geheimnisvoll mit, daß
man willens sei, ihn mit List oder Gewalt in den Soldatenrock zu
stecken, und mahnte ihn zur Vorsicht. Er erbot sich, ihm zu zeigen,
wie man es schon öfter gemacht habe. Zu diesem Zwecke erbat er
sich des Schäfers Stock und steckte ihn durch dessen beide Rockärmel,
so daß dieser mit ausgebreiteten Armen dastand. Dann rief er mit
kräftiger Stimme: „Halloh, halloh!" Sofort trat aus dem nahen
Walde eine Schar bewaffneter Männer, welche den Schäfer trotz
alles Sträubens fesselte und mit sich nach Potsdam führte, wo er
dem Riesenregimente einverleibt wurde.

Kronprinz Friedrich, dem während seines Aufenthaltes in Rheins=
berg der lange Schäfer von Braunsberg nicht unbekannt geblieben
war, erinnerte sich desselben, als er den Thron seiner Väter bestiegen
hatte. Mit Staunen erfuhr er, daß der Schäfergrenadier bei seinem
mäßigen Solde ein Leben führe, wie es kaum einem Major möglich
sei. Jeden Abend sahe er eine kleine Gesellschaft Kameraden bei sich,
welche er mit Kuchen, Wein, Bier und Tabak bewirtete. Niemand
wußte, woher ihm die Mittel zu diesem außergewöhnlichen Aufwande

kamen. Der König, der gern dahintergekommen wäre, verfiel auf eine List. Er verkleidete sich als gemeinen Soldaten und versuchte sich auf vertrauten Fuß mit dem Grenadier zu stellen. Der neue Kamerad gewann bald des Schäfers Herz und wurde wiederholt zu den Abendgesellschaften geladen. Als der König die Thonpfeife ablehnte und sich als Schnupfer auswies, wurde ihm die feinste Sorte Schnupftabak gereicht.

Einmal blieb der König zurück, als die übrigen Kameraden sich entfernt hatten. Er drückte seine Verwunderung über den nie gesehenen Luxus eines gemeinen Soldaten aus und forschte nach der Quelle seiner Geldmittel. Der Schäfer erwiderte: „Wenn du mir Verschwiegenheit gelobest, so magst du mich morgen in der Mitternachtstunde begleiten." Der König sagte zu, und zur bestimmten Zeit wanderten beide durch Potsdams stille Straßen. Vor dem Hause eines Kaufmanns stand der Schäfer still, blies in das Schloß, welches sofort aufsprang, und beide traten ein. Auf dieselbe Weise öffnete sich die Thür zum Laden und auch die Ladenkasse. Diese entleerte der Schäfer, teilte das Geld in drei Haufen und sagte: „Der eine Haufen gehört dem Kaufmann; denn er ist sein Betriebskapital; der zweite ist sein rechtmäßiger Gewinn; den dritten hat er durch Betrug, und darum nehme ich ihn an mich."

Weitere Besuche zu machen, zeigte des Schäfers Begleiter keine Neigung; wohl aber wünschte er des Königs Schatzkammer zu sehen. Dazu wollte der Schäfer sich nicht verstehen und konnte schließlich nur durch das feierliche Versprechen, nichts anrühren zu wollen, zur Öffnung derselben vermocht werden. Beide traten auf dieselbe geheimnisvolle Weise in die wohlverwahrten Räume ein. Ungeheure Schätze waren hier aufgehäuft. Als Friedrich einige Goldstücke in die Hand nahm, erhielt er einen derben Stoß und wurde schleunigst mit dem Bedeuten hinausgeschoben, er solle nie wieder das gastliche Haus seines Führers betreten.

Am nächsten Morgen erschien ein königlicher Diener, welcher dem Schäfergrenadier den Befehl überbrachte, sofort zum Könige zu kommen. Wie erschrak der aber, als er in dem Könige seinen nächtlichen Begleiter erkannte! Dieser redete ihn freundlich an und sagte, daß er ihm für den Stoß aufrichtig danke, aber die Beraubung der Kaufleute ernstlich untersage; da er aber gewohnt sei, auf großem Fuße zu leben, so wolle er ihm von jetzt ab den Sold eines Offiziers bewilligen.

Mitgeteilt durch Herrn Lehrer Fehse zu Dierberg.

17. Die weiße Katze in der Zippelsförder Heide.

Eines Tages, so erzählt ein alter Postillon, mußte ich mit unserem zweiten Knechte nach der Zippelsförder Heide fahren, um Holz zu holen. Bei der Rückfahrt lief eine große weiße Katze immer um unseren Wagen herum. Es war schon spät geworden, wohl um die zwölfte Stunde, und der ganze Wald „bröhlte" gar schrecklich, so nennen's nämlich die Leute, wenn das Getier des Waldes, namentlich der Hirsch, in der Nacht schreit. Ich habe mich mein Lebtag vor nichts gefürchtet, aber dem andern Knechte war es recht schauerlich. Als ich nun die Katze mit der Peitsche schlagen wollte, wehrte der andere ganz ängstlich und sagte: „Du, das thue ja nicht; wer der großen weißen Katze in der Heide etwas anthut, dem geschieht in selbiger Nacht großes Unglück." — Ich ließ also das Tier in Ruhe, das beständig vor dem Wagen hin und her lief, bis es am Ausgange des Waldes verschwand, ohne daß uns ein Leid geschehen wäre.

Mündlich.

18. Der schöne Berg am Werbellin-See.

Auf der zwischen den Dörfern Schöneberg und Herzberg gelegenen Hochebene erhebt sich ein isolierter, etwa 40 Fuß hoher Sandhügel, der unter dem Namen der schöne Berg bekannt ist. Südwestlich von diesem Hügel senkt sich die Hochebene allmählich abwärts und verläuft in eine grasreiche Niederung, in welcher sich der schilfumkränzte Werbellin-See ausbreitet. Diesen freundlichen See wollte einst eine Riesenjungfrau zudämmen und dadurch jede Spur von ihm vernichten. Sie scharrte deshalb Sand und Erde in ihre Schürze und schritt mit dieser Bürde rüstigen Laufes dem See zu. Ehe sie denselben aber erreichte, zerriß plötzlich ihr Schürzenband; die schwere Last fiel jählings zu Boden und bildete jenen merkwürdigen Sandhügel, der von den umwohnenden Landleuten nachmals der schöne Berg genannt wurde: ob mit galanter Rücksicht auf die junge Riesin, die man sich in diesem Falle auch als eine mit Schönheit ausgestattete gedacht haben muß, oder mit Rücksicht auf den schönen Anblick, welchen der aus einförmiger Ebene isoliert emporragende, ehemals bewaldete Berg gewährte, muß dahingestellt bleiben; nur soviel scheint gewiß zu sein, daß dieser Name auf das früher in der Nähe des Berges gelegene Dorf, und, nachdem dieses gänzlich zerstört worden war, auf das weiter nordwärts angelegte jetzige Dorf Schöneberg übergegangen ist.

A. Engelien u. W. Lahn: Der Volksmund in der Mark Brandenburg. I. Teil. Berlin 1868. Wilh. Schultze. S. 63. 64.

Nach einer Mitteilung des Herrn Lehrer Fehse in Dierberg erzählt sich das Volk die Sage auch folgendermaßen:

Der christliche Geistliche in Herzberg aß gern die Fische aus dem Werbellin=See. Darüber ärgerte sich eine Riesenjungfrau und nahm sich vor, den See zuzudämmen. Sie füllte ihre Schürze mit Sand und eilte dem Wasser zu. Da kam ein Engel herbei und zerschnitt ihr das Schürzenband. Der Sand entfiel ihr und bildete den schönen Berg, von welchem das Dorf Schöneberg seinen Namen erhalten hat.

---

19. Die wilde Jagd im Seebecker Walde.

In der Seebecker Gemeindeforst machte sich eine lustige Jagd= gesellschaft das Vergnügen, einen Dachs in seinem Baue zu überfallen. Es gelang, das feiste Tier zu fangen und zu töten. Da ging der wilde Jäger mit seinem Zuge durch den Wald, und eine Stimme rief: „Sind wir noch alle beisammen?" — antwortet eine andere: „Der Einäugige fehlt." Als man den Dachs untersuchte, fand man, daß er nur ein Auge hatte.

Mitgeteilt durch Herrn Lehrer Sehle zu Dierberg.

---

20. Die vom Blitze erschlagene Nonne.

An einem überaus heißen Tage des Sommers zog einstmals ein schweres Gewitter über Stadt und Kloster (Lindow) auf, ein wilder Sturm peitschte die Wasserflächen der Seen zu gewaltigen Wellen, tiefschwarze Wolken standen ringsum und verwandelten den bisher so lichten Tag in die finsterste Nacht, die nur von dem jähen Auf=flammen furchtbar zuckender, sich immer und immer wiederholender Blitze erhellt wurde. Bebend harrten die Einwohner dem Ende der gewaltigen Mahnung an die menschliche Schwäche und Vergänglich=keit entgegen, aber das Wetter wich nicht, der Sturm brauste ge=waltiger, die Blitze flammten drohender, häufiger. Unter den Kloster=jungfrauen befand sich eine noch junge Nonne, die, aus weiter Ferne gekommen, vor nicht langer Zeit Aufnahme im Kloster gefunden hatte, deren Wesen jedoch von allen übrigen Schwestern sie schied. Zwar verrichtete sie der Regel gemäß, ja eifriger die vorgeschriebenen Übungen und unterzog sich oft harten Bußen, aber ihr Herz hielt sie den Mitschwestern verschlossen und stets kummervollen Antlitzes suchte sie die Einsamkeit, gleich als ob schwere Schuld sie bedrücke. Als nun die Gewalt des Wetters von Stunde zu Stunde furchtbarer bis in den dritten Tag hinein tobte, als wolle die Erde sich aufthun und alles Lebende verschlingen, und die von weißem Schaum gekrönten Wogen des Sees immer gewaltiger die Mauern des Klosters um=brandeten, da rief die Nonne: „Mir, nur mir allein gilt des Himmels Zorn!" öffnete des Flehens der Schwestern ungeachtet die Pforte des Klosters und trat in das Wetter hinaus. Doch kaum hatte sie wenige Schritte gethan, als ein furchtbarer Blitz herniederzuckte und mit seinen Flammen die Unglückliche vernichtete. Gleichsam versöhnt durch dieses Opfer schwand bald darauf das Ungewitter.*)

E. fromme: Aus der Vergangenheit von Stadt und Kloster Lindow. Neu-Ruppin. Rud. Petrenz. 1884. S. 27. 28.

21. Der Indut-Tempel bei Lindow.

Da, wo jetzt das Kloster von Lindow liegt, soll vor alten, alten Zeiten ein heidnischer Tempel gestanden haben, welcher dem Götzen Indut geweiht war. Von daher ist noch jetzt in der Gegend die Fluchformel: Daß dich der Indut! gebräuchlich.

A. Engelien und W. Lahn a. a. O. S. 62.

22. Die Schweden in Lindow.

Als die Schweden im großen Kriege (30jährigen) nach Lindow kamen, da flüchteten die Bewohner des Städtchens nach dem Werder, einer etwa 150 Morgen großen Insel im Gublack-See, und nahmen alle Kähne mit. Zwei schwedische Soldaten aber hatten das Herz, in Biertonnen hinüber zu schwimmen und alle Kähne weg zu holen, worauf die Schweden sich dieser Feste bemächtigten.

(Nach einer alten Handschrift des Tuchscherers Bartsch in Lindow.)

A. Engelien und W. Lahn a. a. O. S. 62.

---

*) übrigens berichtet auch die Sage (vgl. Fromme a. a. O. S. 16), daß ein geheimer unterirdischer Gang vom Kloster zu Lindow nicht allein nach den Klöstern zu Gransee und Zehdenick, sondern auch unter dem Ruppiner See hindurch zum Dominikanerstift in Neu-Ruppin führte und diese vier Klöster in Verbindung mit einander setzte.

23. Graf Dier.

Graf Dier hatte in früheren Zeiten ein Schloß auf dem Klapperberge. Er war ein grausamer Ritter; denn er überfiel Reisende, beraubte und tötete sie. Wegen seiner Frevelthaten wurde er in einen großen schwarzen Hund verwandelt, welcher um Mitternacht seinen Umgang nach „dêpen Dall" (tiefen Thal) in der Lieze macht. Begegnet ihm ein Mensch, so begleitet er ihn harmlos bis zum nächsten Kreuzwege. Sonntagskinder können ihn sehen.

Mitgeteilt durch Herrn Lehrer Sehse zu Dierberg.

24. Der Begräbnisplatz der Selbstmörder.

Links des Weges von Dierberg nach Lindow befindet sich vor der dritten Brücke (sie führt über die Bäk, welche die Krausnitzer Mühle treibt) der ehemalige Schindanger (Aaskuhle) von Banzendorf, wo der Scharfrichter von Lindow früher das gefallene Vieh verscharrte. Dieser Ort diente aber auch zum Begräbnis der Selbstmörder.

Zur Regierungszeit des alten Fritz erhängte sich in der Menzer Forst ein Kossät aus Banzendorf. Der Scharfrichter holte ihn von dorther auf der Schinderkarre, fuhr auf der Grenze zum erwähnten Orte und vergrub ihn daselbst ohne Sarg. Sonntagskinder, welche um Mitternacht vorüberkamen, sahen dort eine Karre mit einer Leiche, deren langes Haar im Winde flatterte und deren Zunge aus dem Munde hing. Der Scharfrichter wurde aufgefordert, diesen Spukgeist zu vertreiben. Er nahm einen Kober, und es gelang ihm, das Gespenst in Gestalt eines schwarzen Hahnes mit Ruten in denselben hinein zu peitschen und an einem verborgenen Orte zu begraben.

Mitgeteilt durch ebendenselben.

25. Das rote Männchen in Dierberg.

Wenn früher die Glocken in Dierberg geläutet wurden, so zeigte sich auf der kleinsten derselben ein Männlein im roten Kleide. Zu Ende des vorigen Jahrhunderts sah man sich genötigt, den Turm bedeutend zu verkürzen; da ließ sich der kleine Mann nicht wieder sehen.

Mitgeteilt durch ebendenselben.

26. Der Pferdeknecht zu Dierberg, an dem der Tod vorbeigegangen*).

Im Dorfe Dierberg bei Lindow geht die Sage von einem Pferdehirten, der sich namentlich zu Lichtmessen sehen läßt.

Dies verhält sich so. Ein alter Pferdehirt, der in seinem früheren Leben nicht viel getaugt hatte, weidete einst einige Pferde. Da er nun durch die Hitze des Tages sehr erschöpft war, so legte er sich unter einer hohen Eiche nieder und schlief ein. Als er wieder aufwachte und seine Pferde heimtrieb, wunderten sich alle Leute, daß die Pferde ohne Hirten kamen. Wie er nun nach Hause kommt, sieht ihn seine Frau nicht, wundert sich aber auch, daß der Hund, der sonst nie von seinem Herrn ging, ohne denselben kommt. Endlich zieht der Knecht sich die Schuhe aus; sofort erblickt ihn seine Frau, und als er die Schuhe nun untersucht, findet er, daß der Blütenstaub des Farrenkrautes darin lag, den er aber nicht heraus bekommen konnte. Wie er aber die Schuhe wieder anzieht, sind sie auf einmal fest angewachsen, er konnte sie nicht wieder vom Fuß bekommen. Als nun nach einiger Zeit der Tod kam, um ihn abzuholen, ging er an ihm vorüber, ohne ihn zu sehen, und so soll der Mann denn noch herumlaufen und sich namentlich oft an der sogenannten Bäke (einem Wasserbache), wo sie die Chausse zum dritten Mal schneidet, sehen lassen.

W. Schwarz a. a. O. S. 147. (II. Aufl. S. 139.)

*) Sorgfältige Nachforschungen haben ergeben, daß diese Sage in Dierberg jetzt nicht mehr bekannt ist.

27. Die fleißige Spinnerin.

Die alte Liese hatte immer fleißig die Spindel gerührt. Nach ihrem Tode fanden lachende Erben in ihrem Kämmerlein eine wohlgefüllte Truhe des schönsten Linnens. Trotzdem zog man der Verstorbenen ein zerlumptes Hemde an. Ihre treueste Freundin Anna ließ den Spinnrocken ebenfalls nicht ruhen. Als diese einstmals den Ruf des Nachtwächters überhört hatte, und ihr Rädchen noch um die Stunde der Mitternacht einsam schnurrte, da huschte ein Schatten am Fenster vorüber, und der Liese Stimme ließ sich vernehmen:

„Ann', ick satt lang' un spann
Un häw doch en tweigt Hämm an."

Aus Suberow und Dierberg mitgeteilt durch Herrn Lehrer Sehse zu Dierberg.

28. Der Feuer- oder Schimmelreiter.

Ist ein Schadenfeuer ausgebrochen, so erscheint ein vornehmer Herr, den niemand kennt, auf einem Schimmel und sucht um das Feuer zu reiten, wobei er gegen dasselbe die rechte Hand ausstreckt, drei Kreuze in der Luft macht und spricht: „Feuer, steh' und vergeh'! Im Namen Gottes des Vaters, des Sohnes und des heiligen Geistes." Der Reiter muß sich aber beeilen, daß er über das Wasser kommt, sonst läuft ihm das Feuer nach, und er muß verbrennen. Es wird auch erzählt, daß der Reiter am Schlusse der Beschwörung in die Glut schießt.

Aus Dierberg mitgeteilt durch ebendenselben.

29. Die Zwerge im hohen Berge bei Zechow.

Vor Zeiten lebten in dem „hohen Berge" bei dem Dorfe Zechow Zwerge, von den Bewohnern gewöhnlich „de Unnerêrdschen" (die Unterirdischen) genannt. Der Berg war einst bewaldet, nur auf der Westseite wurde er beackert, und nach Osten, nach dem Dorfe zu, öffnete er sich zu einer Schlucht, die von steilen Hängen eingeschlossen und mit dunkeln Kiefern und Wachholdergebüsch dicht bewachsen war. Vor dieser Schlucht hatte man von jeher eine gewisse Scheu. Jetzt freilich ist das alles anders geworden; denn die alte Heimstätte der Zwerge muß der modernen Industrie weichen. Da wo sich früher die Zwerge lustig tummelten und ihre Ringelreigen tanzten, da regen sich jetzt die geschäftigen Hände der Menschen in den sogenannten „Zechower Steingruben." Das Werk der Zerstörung begann damit, daß man die großen, mit Flechten und Moos bewachsenen, von Wachholder und Heidekraut umwucherten Steine aus der schönen Schlucht entfernte; aber damit nicht zufrieden, rückte der Mensch den Unnererdschen noch näher auf den Leib, indem er anfing, den Ort nach Kies und Steinen zu durchwühlen, und wie lange wird es noch dauern? — da wird von dem „hohen Berge" weiter nichts mehr übrig sein als die Erinnerung. Die alten Bewohner des Dorfes freilich schütteln über dies moderne Treiben wohl oft den Kopf und prophezeien nichts denn Unheil aus demselben. Ja, das waren doch noch andere Zeiten, als ihre Vorfahren mit dem kleinen, dickköpfigen Völkchen in Friede und Freundschaft lebten! Denn im großen und ganzen waren die kleinen Wesen recht harmlos und gutherzig. Nur bisweilen richteten sie Unheil an, wenn sie nämlich aus allzugroßer Vorliebe für junge Menschenkinder den Müttern ihre kleinen Lieblinge aus der Wiege stahlen und dafür ihre „Wechselbälge" hineinlegten. Aber daran waren die Mütter selbst schuld, denn sie hatten versäumt, ein Evangelienbuch in die Wiege zu legen, das die Kinder vor jeder Berührung durch die Unnererdschen schützte.

Die Unnererdschen, welche so in die Gesellschaft der Menschen gekommen waren, wuchsen nicht und lernten auch nicht sprechen, oder

ellten sich doch, als könnten sie es nicht; doch waren sie merkwürdig
ug in allen häuslichen Verrichtungen, waren in Küche und auf dem
Boden um die Hausfrauen beschäftigt und betrachteten alles im Hause
mit stiller Aufmerksamkeit.

Von diesen Zwergen nun gehen im Munde des Volkes verschie=
ene Sagen, die besonders seit dem Sommer 1885 lebhafter und
öfter denn seit langer Zeit erzählt werden. Man stieß nämlich damals
in den Steingruben beim Abtragen des Berges auf eine große, natür=
iche Höhle, und nichts lag dem Volke näher als die Annahme, hier
ei der frühere Aufenthaltsort der Zwerge gewesen. — Doch lassen
oir nun die einzelnen Sagen selbst folgen!

1. Der entlarvte Wechselbalg.

Eine Mutter hatte schon längst mit stiller Trauer bemerkt, daß
ihr Knabe weder recht wachsen noch sprechen lernen wollte. Als er
aber nun sieben Jahre alt geworden war und noch kein Wort geredet
hatte, da kam ihr die Sache denn doch nicht recht richtig vor und
immer mehr befestigte sich in ihr der Glaube, daß die Unnererdschen
in einem unbewachten Augenblicke ihr Kind einst aus der Wiege ge=
stohlen und ihr dafür einen Wechselbalg untergeschoben hätten. Der
Sache muß sie auf den Grund kommen, sie geht zu ihrer Nachbarin
und frägt sie um Rat. — Als sie nun eines Tages Bier brauen
wollte, nahm sie nur ein wenig Malz, schlug neun Eier ein und
warf die Schalen mit in das Braugefäß. Da ließ sich der Kleine,
welcher dabei stand, durch seinen häuslichen Sinn zu einer Unvor=
sichtigkeit hinreißen und rief:

> „Ick bin all so olt,
> „As Boem un Gold,
> „Un häwt noch nicht wüsst,
> „Dät Eierdöpp (Eierschalen) Bier geben müsst.“

Da erkannte die Frau den Betrug und trieb den Kleinen mit Schlägen
aus dem Hause.

2. Noch eine Geschichte vom entlarvten Wechselbalg.

Bei einer andern Familie ging es ebenso; der Sohn wollte un
wollte nicht sprechen lernen. Da kamen denn Vater und Mutt
endlich überein, ihm die Zunge lösen zu lassen. Eines Tages nah
denn auch der Vater das Kind mit auf den Wagen, um in die Stad
zu fahren. Als nun der Wagen über eine Brücke kam, rief ein
Stimme: „Kilian, wo wist du hen?" — und der Kleine auf den
Wagen antwortete: „Ick will mî gikelgâkeln lâten." — So kam
der Mann auch hinter den Betrug und trieb nun den Unnererd...
den er wie seine Frau bisher für ihren Sohn gehalten, mit der Peitsch
vom Wagen.

3. Der Schäfer und die Zwerge.

Der Schäfer des Ortes konnte sich mit seinem knappen Lohn
nicht ernähren und trieb nebenher auch die Schusterei, denn das
Stricken wollte auch nicht genug für ihn und seine Familie abwerfen.
Da saß er nun eines Tages bei seiner Herde auf einem hohen Acker
rain — die Ackerstücke lagen wegen der starken Abdachung terrassen
artig übereinander — und schlug tüchtig auf seinen Schusterbock
Plötzlich standen mehrere Unnererdschen neben ihm und baten, er
möge doch das Klopfen unterlassen, sie könnten es nicht vertragen,
sie wollten ihm auch jeden Tag Essen bringen. Darauf ging der
Schäfer auch ein, und von jetzt ab bekam er täglich in schönem Ge-
schirr seine Mahlzeit. Einmal aber stach ihn der Übermut und er
beschmutzte in unanständiger Weise die sonst säuberlich zurückgestellte
Schüssel. Nun war es mit der Freundschaft vorbei, und er bekam
nie wieder etwas.

Andere*) erzählen die Sache so, daß nicht der Schäfer selbst die
Schüssel beschmutzt habe, sondern sein Knecht, dem er, als er einst
verhindert gewesen, das Hüten der Herde allein überlassen hätte.
Dabei hätte er ihm auch den Ort gezeigt, wo er sein Mittagbrot zu
finden habe. Der Knecht habe sich das Essen wohl schmecken lassen,
habe aber dann den freundlichen Zwergen durch Beschmutzen der

---

*) Diese Mitteilung habe ich von Herrn Lehrer Fehse zu Dierberg erhalten.

chüffel mit Undank gelohnt. Was der Knecht verbrochen, habe der
Schäfer dann büßen müssen.

4. Der Löffeldieb.

Auch den Bauern brachten die Zwerge, wenn sie früh morgens
chon vor Sonnenaufgang in dem Kellergrund unweit des hohen
Berges ackerten, ihr Morgenbrot — man aß damals des Morgens
ur Suppe — und immer lagen schöne, blanke, silberne Löffel dabei.
inem Bauer aber gefielen die Löffel so sehr, daß er einen davon
ı seiner Tasche verschwinden ließ. Das konnten ihm die Zwerge
ber nie und nimmer vergeben, und seitdem mußte er wie seine
Nachbarn vergebens auf die Morgensuppe warten.

5. Zwerge leihen im Dorfe die Backmulde.

Die Unnererdschen backten sich ihr Brot selbst. Es fehlte ihnen
aber an einer Backmulde. Wenn sie nun backen wollten, erschien in
irgend einem Hause des Dorfes plötzlich einer von ihnen, und die
Hausfrau wußte dann schon, um was es sich handelte. Sie deutete
nur auf die Backmulde, mit der der Kleine dann sogleich in unsicht=
barer Weise durch die Wand verschwunden war. Am andern Tage
aber war die Mulde wieder im Hause, und es lag ein kleines, sehr
weißes Brot darin.

6. Der Tanz der Zwerge im Bauernhause.

Ein Paar Altenteilsleute bewohnten eine Stube für sich. Der
Mann war schon recht schwach und hinfällig und bedurfte sehr der
Ruhe. Des Abends nun, wenn die Frau in der Küche war, kamen
aus der Nische unter dem Kamin drei Unnererdschen. Sie hatten
jeder eine kleine, silberne Kanne bei sich, stellten dieselbe nieder und
tanzten vor dem Kamine ihren Reigen. Den Mann aber verdroß
das, und er sagte zu seiner Frau, sie möchte ihm doch das Mangel=
holz geben, die Unnererdschen ließen ihm gar keine Ruhe, wenn sie
in der Küche zu thun hätte. Als am nächsten Abend die Kleinen

wieder kamen, warf der alte Bauer mit dem Mangelholz unter sie
Da stürzten sie auf ihre Kännchen und verschwanden. Nur ein
Kanne war stehen geblieben, und der Mann nahm sie in Verwahrung
Da kam nun noch lange Zeit des Abends die Kleine — denn die
Kanne gehörte einem kleinen Unnererdschenweibe — und bat jedesmal
um ihre Kanne, aber der Mann gab sie ihr nicht wieder zurück.

7. Der Ringeltanz der Zwerge.

Vor vielen Jahren pflegten die Zechower Bauern nur mit Ochsen
zu ackern, und wenn es gegen Mittag kam, spannten sie aus und
ließen die Tiere auf dem Berge, an welchem sich ihre Ländereien
hinzogen, weiden; sie selbst aber streckten sich in dem kühlen Schatten
eines nahen Wachholdergebüsches nieder, um dort ihr Mittagbrot zu
verzehren und dann wohl auch ein kleines Schläfchen zu machen. Da
hatte denn auch mal ein Zechower Bauer, er hieß Kanow, seine Ochsen,
wie es eben Sitte war, des Mittags auf den Berg zur Weide getrieben. Es war aber sehr heiß; deshalb legte er sich hinter einen
schattigen Busch und schlief dort bald ein. Während er nun so
„drusselte", hörte er plötzlich einen merkwürdigen Gesang, aus dem
er ganz deutlich die Worte versteht: „den Kiepernick, den Köpernick."
„Hm," denkt er, „was mag das wohl sein?" Und wie er sich etwas
emporrichtet, sieht er, wie eine ganze Anzahl kleiner Männer und
Frauen — sie mochten kaum zwei Fuß oder etwas darüber groß sein
— sich angefaßt hat und unter Gesang auf dem Berge einen lustigen
Ringeltanz aufführt. Da plötzlich schlägt es zwölf Uhr mittags, und
wie das die Zwerge hören, verschwinden sie einer nach dem andern
in einer Erdspalte, die der Bauer noch nie zuvor gesehen, so oft er
auch schon an dem Berge gepflügt hat. Kaum aber ist der letzte
seinen Blicken entschwunden, als sich auch der Berg wieder hinter
ihm schließt.

Auch an der Braunsberger Grenzscheide unweit des hohen Berges
will man sie öfter früh morgens ihren Ringeltanz haben aufführen
sehen.

8. Der Schatz der Zwerge.

Tief im Innern des hohen Berges liegt ein gewaltiger Schatz
verborgen, den die Zwerge eifersüchtig vor der Habgier der Menschen
hüten, und doch kann derselbe gehoben werden. Wenn nämlich um
Mitternacht eine unbescholtene Jungfrau stillschweigend mit silberner
Laterne und silbernem Schlüssel nach dem hohen Berge geht und dort
drei Vaterunser betet, dann erscheint plötzlich vor ihr ein Zwerg, der
ihr den Weg zur Schatzkammer zeigt, damit sie die reichen Schätze
hebe. Bis jetzt freilich hat sich noch keine gefunden, welche das Wagnis unternommen hätte.

Nr. 1—6 schriftlich von befreundeter Hand, Nr. 7—8 mündlich.

30. Der Spuk in Köpernitz.

Wenn jemand in Köpernitz nach 11 Uhr Nachts unberufener
Weise umhergeht, so erhält er von unsichtbarer Hand einen unsanften
Stoß ins Genick.

Mitgeteilt durch Herrn Lehrer Fehse zu Bierberg.

31. Der Roland von Rheinsberg und die Remus-Insel.

Im Boberow-Wald treibt noch heutzutage Herr von Reisewitz
sein Wesen; gar manchen hat er dort schon in die Irre geführt, der
sich nicht herausfinden konnte, bis er plötzlich ein Lachen hörte oder
ein Händeklatschen und dann sah, wo er hingeraten war.

Mit dem Herrn von Reisewitz soll es aber folgende Bewandtnis
haben. Er lebte hier unter Prinz Heinrich und hatte alles zu arran-

gieren. Während nun Prinz Heinrich im Felde war, richtete Herr von Reisewitz die Boberow-Kavel, die Fortsetzung des Schloßgartens ein. Weil er aber beim Prinzen verleumdet wurde, machte ihm diese deshalb Vorwürfe, und da vergiftete sich Herr von Reisewitz. Wie Prinz Heinrich aber aus dem Felde zurückkam, da hat er gesehen, wie schön alles gewesen, und es hat ihm sehr leid gethan. Seit der Zeit geht Herr von Reisewitz nun im Boberow-Wald um. — Fontane, der in seinen „Wanderungen durch die Mark Brandenburg" die Sage nach mündlicher Überlieferung ähnlich erzählt, nennt ihn v. Reitzenstein und fügt hinzu, man behaupte, er habe sich getötet, indem er einen Diamanten verschluckt!! *)

Rheinsberg hat übrigens auch einen Roland gehabt, der war ganz von Gold. Bei einer Gelegenheit ist er fortgekommen und in den See versenkt worden. Zwar weiß man die Stelle, doch ist er nicht wieder aufzufinden gewesen.

So sagt man jetzt. Feldmann erzählt in seinen schon öfter erwähnten hinterlassenen Schriften aus der Mitte des vorigen Jahrhunderts gleichfalls nach mündlicher Überlieferung: „Vor diesem hat in Rheinsberg ein hölzerner Roland gestanden, aber die Prentzlöer haben ihn da weggestohlen. Auf der Insel bei Rheinsberg sollen Skelette der Riesen des Roland gefunden sein. Rheinsberg hat vor alten Zeiten große Privilegien und Freiheiten gehabt, aber ein Schreiber hat die Bürger um diese ihre Briefe und Freiheiten gebracht, da er sie auf eine bürge (eine Trage) zusammengelegt und steine oben herumgepackt, hernach auf die See gebracht und in die See hineingeworfen noch vor des letzten Justi von Bredow Zeiten (eines früheren Besitzers von Rheinsberg). Dieser Schreiber ward nach seinem Tode ins Gewölbe der Kirche beigesetzt und sein Leichnam ist daselbst nicht verweht, sondern nur vertrocknet, obgleich der vierte Leichnam bei ihm verweset ist."

***

*) „Ein verschluckter Diamant ist um nichts schädlicher als ein verschluckter Pflaumenkern, und so glaub' ich denn bis auf weiteres annehmen zu dürfen, daß sich v. R. (wenn überhaupt) einfach durch Blausäure, durch Essence d'Amandes getötet hat, aus welch' letztrem Worte, lediglich nach dem Gleichklang, ein Diamant geworden ist." Th. Fontane, Die Grafschaft Ruppin. 4. Aufl. Berlin. W. Hertz. 1883. S. 223.

Was die Riesenknochen anbetrifft, von denen Feldmann redet, so hat man allerdings auf einer Insel im See — welche jetzt die Remus-Insel heißt — vor Zeiten einmal beim Ziehen eines Grabens viele Menschenknochen von angeblich auffallender Größe gefunden.*) — Außerdem wollte man aber auch ein paar Grabsteine mit eigentümlichen Inschriften und mit sechs Vögeln darauf, die man für Habichte erklärte, angetroffen haben. Daraus ist dann eine kuriose Geschichte gemacht worden, daß dies des Remus Grab gewesen, der von seinem Bruder Romulus nicht erschlagen sei, sondern vor ihm sich hierher geflüchtet habe, daher sei die Stadt auch Remsberg und später dann Rheinsberg genannt worden. Der Insel aber ist davon der Name Remus-Insel geblieben.

W. Schwartz a. a. O. S. 148—149. (II. Aufl. S. 139—141.)

32. Der Schimmel.

In der Geisterstunde, wenn der Weiser der Turmuhr auf zwölf steht, erscheint in Rheinsberg „ein weißer Schimmel mit wehender Mähne" und trabt um die Kirche herum, verschwindet jedoch wieder, sobald die Glocke ein Uhr schlägt. Leute in der Stadt wollen ihn sogar schon wiehern gehört haben.

Mündlich.

33. Die weiße Frau im Rheinsberger Schlosse.

Um Mitternacht, wenn der Sturm durch die Bäume heult, und der Uhu seinen schaurigen Ruf ertönen läßt, erscheint bei dem Rund-

---

*) Derartiges ist auch auf einer Insel bei Alt-Ruppin vorgekommen, wo man gegen 40 Leichname, wahrscheinlich einmal bei Pest- oder Kriegszeiten dort beerdigt, fand.

teile vor dem Rheinsberger Schlosse oft eine weiße Frau ohne Haupt. Sie kommt gewöhnlich langsamen Schrittes aus dem Schlosse heraus, steigt die wenigen Stufen herab und umwandelt das Rundteil, bis die Glocke vom nahen Turm die erste Stunde verkündet, dann verschwindet sie plötzlich.

Mündlich.

---

34. Bestrafter Diebstahl.

Wenn man von der Südseite des Rheinsberger Schlosses aus seine Blicke durch die weite, prächtige Hauptallee des Schloßgartens schweifen läßt, so bleibt das Auge in der Ferne auf einem mächtigen Turme, der auf einem Hügel errichtet ist, ruhen. In diesem Turme, heißt es, lag vor langen Jahren ein großer Schatz verborgen. Da machten sich drei Brüder aus Heinrichsdorf auf, das Geld zu rauben, und wirklich gelang ihnen ihr Vorhaben. Doch der frevelhafte Diebstahl sollte nicht ungerächt bleiben. Laut heulte es den drei Räubern auf dem Heimwege vom Turme her nach: „Wehe! es soll der eine von euch sich zu Tode fallen, der andere das Bein brechen und der dritte sich das Genick abstürzen!" — Und in der That ist auch die schreckliche Verheißung an ihnen in Erfüllung gegangen.

Mitgeteilt durch Herrn Gutsbesitzer Scholl zu Neu-Roofen.

---

35. Das untergegangene Dorf im Barsch-See.

In der Nähe von Paulshorst bei Rheinsberg erhebt sich ein Bergrücken. Wenn man die Höhe hinaufgestiegen ist, sieht man unerwartet vor einem tiefen, mit Wasser gefüllten Bergkessel, dem Barsch-See. In diesem See, heißt es, ist einst ein Dorf untergegangen. Noch heute zerreißen die Fischer oft ihre Netze an der Spitze des Kirchturmes, und am Johannistage mittags zwischen 12 und 1 Uhr kommt die große Glocke läutend an das Land geschwommen.

Mündlich.

---

36. Die Erscheinung am Wittwiener Haus-See.

An den zum Rittergute Wittwien gehörigen Haus-See knüpfen sich noch verschiedene Sagen, namentlich, heißt es im Volksmunde, ist es in dem dicht mit Bäumen umwachsenen Gange, welcher von dem Garten nach dem See führt, nicht geheuer, da es hier oft spukt. Vor langen, langen Jahren soll nämlich auf dem See eine Dame absichtlich vom Kahne aus in das Wasser gestoßen — die nähere Veranlassung freilich kennt man nicht mehr — und dort ertrunken sein, und noch heute kann die Unglückliche in ihrem nassen Grabe keine Ruhe finden, sondern läßt sich von Zeit zu Zeit in dem eben erwähnten Gange sehen.

In der Nähe desselben schaukelte sich einst um die Mittagszeit eine Tochter eines der früheren Besitzer des Rittergutes, ein gesundes, lebensfrohes, durchaus nicht furchtsames oder träumerisch angelegtes Mädchen von 14 Jahren. Plötzlich erblickt sie eine weiße Gestalt, die den Gang herauf auf sie zukommt. Deutlich erkennt sie, daß die ihr sich nähernde Gestalt ein hübsches, junges Mädchen ist, welches sich etwa zwei Fuß über dem Erdboden schwebend auf sie zubewegt, in der Hand ein altertümliches Lämpchen haltend, dessen Flamme sie durch Vorhalten der anderen Hand vor dem Zugwind zu schützen sucht. Die Gestalt nähert sich ihr bis auf wenige Schritte, so daß sie deut- lich das Licht durch die Finger der vorgehaltenen Hand schimmern sieht. Das Kind will rufen, doch der Schreck hemmt seine Stimme, — da plötzlich zerfließt die Gestalt vor seinen Augen.

Die Erzählerin ist heute längst verheiratet und Mutter, aber noch jetzt behauptet sie fest, diese Erscheinung gesehen zu haben; auch einem anderen Mädchen soll sie sich später noch einmal gezeigt haben.

Mitgeteilt durch Herrn Gutsbesitzer Schall zu Neu-Roosen.

---

37. Das Grab des Zwergkönigs.

Bis zum Jahre 1872 befanden sich in der Nähe von Grünhof bei Hindenberg am Menzer Wege fünf manneshohe Hünenbetten, deren Oberränder mit großen Feldsteinen kreisförmig besetzt waren. In dem größten (etwa 20 Schritt im Durchmesser) ist nach einer Sage der König der Zwerge in einem goldenen Sarge begraben.*)

Mitgeteilt durch Herrn Lehrer Sehse zu Dierberg und mündlich.

38. Die alte Linde in Dollgow.

Als im Jahre 1638 Dollgow durch des General Gallas Soldaten die Kirche abgebrannt und geplündert wurde, ist auch die vor der Kirche stehende große Linde von vier Klaftern im Umfang in Brand geraten, in zehn Jahren aber wieder ausgeschlagen und ein schöner Baum geworden.

Die Kirche ist 1652 wieder unter Dach und Fach gekommen.

Eine alte Glocke in derselben hat eine lateinische Inschrift und die Jahreszahl MCCCCXI.

(Nach einer alten Handschrift des Tuchscherers Bartsch in Lindow.)

A. Engelien und W. Lahn a. a. O. S. 63.

---

*) Bei einer Bloßlegung desselben im Sommer 1872 fand man nur Urnenreste und Knochensplitter. Sämtliche Hünenbetten sind jetzt rigolt und eingeebnet, ohne daß nach Versicherung des Besitzers dabei irgend welche Altertümer zu Tage gefördert sind.

39. Der Wallberg im Roofen-See.

Auf einer Halbinsel, welche sich in den bei Menz gelegenen Roofen-See hineinzieht (dieselbe ist früher, als der Wasserstand des Sees noch höher war, eine Insel gewesen), soll früher eine große und feste Burg gestanden haben, welche der Sage nach den Quitzows oder einem ihrer Verbündeten gehörte und mit deren Fall zerstört wurde. — Noch heute leben Leute in Menz, deren Großeltern noch gewaltige Fundamentmauern und Gewölbe dieser alten Burg, auch eine Brücke über den See gesehen haben wollen. Heute ist der alte Burgberg im Roofen-See („Wallberg" genannt) Ackerland. Aber noch im Jahre 1886 wurden alte Fundamente aufgedeckt und die Steine der= selben zum Chausseebau verwendet. Starke eiserne Thürbeschläge, Hufeisen und andere Dinge wurden dabei gefunden; auch wurde in früherer Zeit auf dem Wallberge ein großer, eiserner Schlüssel aus= gegraben, der, der Form nach zu schließen, sehr alt sein muß.

Mitgeteilt durch Herrn Gutsbesitzer Schall zu Neu-Roofen.

40. Das weiße Lamm in der Menzer Forst.

Nach der Erzählung vieler alten Leute hat in dem Jagen Nr. 70 der Königl. Menzer Forst dicht an einem Gestelle vor längst ver= gangenen Zeiten ein Dorf gestanden. Die großen Feld= und Mauer= steine, die an dem entlegenen Platze in der Erde früher aufgefunden sind und leicht von Fundamenten alter Häuser herrühren können, lassen diese Annahme nicht gerade unwahrscheinlich erscheinen. Eine kreis= runde Bodenvertiefung unmittelbar an dem Gestelle gilt noch heute als der verfallene Brunnen des alten Dorfes. — Wenn man nun das betreffende Gestell in der Richtung nach Alt=Globsow während der Dämmerstunde begeht, so erscheint einem an dem vermeintlichen

Brunnen ein schneeweißes Lamm, das einem unaufhaltsam bis hart an die große Fürstenberg=Menzer Landstraße folgt; dort verschwindet es auf einmal spurlos. Viele, die die Stelle passierten, wollen es gesehen haben.

Mitgeteilt durch ebendenselben.

41. Die gespenstischen Jäger.

Die Wiesen, die sich unweit Menz zu beiden Seiten des Polzow= fließes hinziehen, werden von Norden und Süden her von hohen Hügelketten umschlossen. An einer Stelle öffnen sich die nordwärts gelegenen Berge zu einer Schlucht, der Jägergrund genannt, die bis an die Wiesen heranreicht. An ihnen entlang führt ein Fußsteig nach Burow. Wer nun, so erzählt sich das Volk, nächtlicher Weile auf jenem einsamen Wiesenpfade wandert, dem gesellen sich, sobald er den Jägergrund erreicht hat, drei gespenstische Jäger zu, die nicht eher von seiner Seite weichen, als bis er sich ermannt, einen derben Fluch gegen die unheimlichen Gesellen auszustoßen. Sobald das Fluchwort verhallt ist, sind auch die Jäger verschwunden.

Andere wollen hier ein großes, schwarzes Kalb in ihrer Beglei= tung gesehen haben, das schließlich dem nahen Fließe zueilt. Deutlich hört man, wie es dort in das Wasser hineinspringt.

Mitgeteilt durch ebendenselben.

42. Der große Stechlin.

Nahe dem Dorfe Neu=Globsow breitet inmitten der Königlichen Menzer Forst der den Bauern von Menz gehörige große Stechlin= See seine Gewässer über einen Flächenraum von ungefähr 500 Hektar aus. Ein prächtiger Wald, mit den schönsten Eichen, Buchen und Kiefern bestanden, und hohe, zum Teil sehr steil zum Uferrande

bfallende Berge schließen schützend seine silberklaren Fluten ein, welche
ns gestatten, noch bei 10 Meter Tiefe bis auf den Grund zu schauen.
Man glaubt, einen Alpen=See vor sich zu haben. Die bergige Be=
chaffenheit seiner Umgebung setzt sich noch unter dem Wasser fort,
und wenn auch keine Inseln in demselben zu Tage treten, so erheben
sich doch inmitten der sehr großen Tiefe an 5—6 Stellen Berge
steil bis dicht an die Oberfläche. Der Boden ist zum Teil moorig
und mit Wasserpflanzen, namentlich der sogenannten Pest, dicht be=
wachsen; auch ganze Baumstämme, die im Laufe der Zeiten in die
Tiefe gesunken sind, haben sich dort eingebettet. Alle diese Umstände
machen den Fischern bei ihrem Handwerke große Schwierigkeiten. Es
kommt oft vor, daß Netze und Taue reißen oder Holzmassen sich in
dem Fischerzeug festsetzen, ja einmal brachten die Fischer anstatt der
leckeren, kleinen Maräne (Coregonus albula L.), die der See in
Menge birgt, mehrere Scheffel Steine in ihrem Netze an das
Tageslicht.

Das alles mag mit Veranlassung gegeben haben, daß sich manches
Geheimnisvolle und Sagenhafte im Verlaufe der Jahrhunderte an den
See geknüpft hat. Schon Bratring*) erzählt vom Stechlin, daß man
am Tage des Erdbebens von Lissabon (1. November 1755) Be=
wegungen auf ihm verspürt habe, und noch heute lebende alte Per=
sonen haben es in ihrer Kindheit von den Großeltern bestätigen hören,
daß der See an jenem Tage geschäumt und Wellen geschlagen habe
trotz des heiteren und stillen Wetters. Der See ist ein „Kreuz=See“,
d. h. er hat eine, einem Kreuze ähnliche Gestalt. Schon dieser Um=
stand hat dem Volke zu denken gegeben. So heißt es, kein Gewitter
könne über ihn hinwegziehen, im Winter friere er nur selten zu, ins=
besondere aber berge er in seinem untergründlichen Innern einen ge=
waltigen und bösen purpurroten Riesenhahn, der das Messen der
großen Tiefen und das Fischen an gewissen Orten nicht dulden wollte
und seine Herde im See gegen die raubgierigen Menschen schirme und
schütze. — Die jetzige Generation freilich weiß nur wenig oder gar
nichts mehr von diesem Ungeheuer der Tiefe, allein in den ersten
Jahrzehnten dieses Jahrhunderts war der große Hahn im Stechlin

---

*) Fr. W. A. Bratring, Die Grafschaft Ruppin. Berlin. 1799. S. 22

noch in aller Munde: schon manchem wäre er erschienen und hätte
auch manchen, der seine Warnungen nicht beachtet oder gar verlacht
hätte, in die Tiefe hinabgezogen.*)

Von diesem roten Hahn nun erzählte vor ungefähr 70 Jahren
ein damals fast 80jähriger alter Mann folgende Geschichte, von deren
Wahrheit er so fest überzeugt war, daß er sie auf das Evangelium
beschwor.

Vor vielen Jahren lebte zu Fischerhaus Stechlin ein Fischer
namens Minack. Das war ein gar roher und wilder Mann, der
im Vertrauen auf seine gewaltigen Kräfte weder Menschen noch Gott
fürchtete. Selbst wenn ihm Nachbarn und Freunde den guten Rat
gaben, er solle vor dem großen Hahn im Stechlin-See Respekt haben
und sich wohl hüten, an den und den Orten zu fischen, wo der Hahn
es nicht dulden wolle, so lachte er nur dazu. Und wiesen sie darauf
hin, daß bereits seine Vorgänger, wenn sie sich an eine der verrufenen
Stellen gewagt, ihren Frevel mehrfach durch Verlust ihrer Netze und
andere Unfälle gebüßt hätten, ja daß einer hier beim Fischen „den
Totenzug" gethan und ertrunken wäre, so ließ sich Minack durch
das Gerede nicht schrecken, sondern fischte nach wie vor, wo und wie
er wollte. — Einst gedachte nun Minack an einer der tiefsten und
gerade darum besonders verpönten Stelle einen Hauptfang zu machen,
da er wußte, daß sich hier die Maränen besonders zahlreich aufhielten.
Es war böses, stürmisches Wetter, und mit Zittern und Zagen folgten
ihm seine Gesellen. Das Netz wird auf der Höhe des Sees ausge-
worfen, man fährt an das Ufer und beginnt an den mehrere hundert
Ellen langen Tauen das Netz herauszuwinden. Doch bald gehen die
Winden schwerer und immer schwerer herum, bis man schließlich vollständig festsitzt. Minack fährt mit seinem bereit gehaltenen Nachen
auf die Höhe des Sees, um das Fischerzeug, das sich vielleicht in
Schlamm und Kraut verfangen haben mochte, zu lüften. Dies geschieht in der Art, daß man das Tau, an welchem das Netz befestigt

---

*) Noch vor einigen zwanzig Jahren, als der Fischereipächter H. auf jämmer-
liche Weise im Stechlin beim Fischen umkam, erzählte man sich allgemein, der rote
Hahn wäre ihm vorher erschienen und hätte ihn gewarnt, an der Stelle zu fischen,
wo er später ertrank.

t, über den kleinen Kahn hinnimmt und diesen demnächst am Taue
uf den See hinaufzieht. So machte es denn auch Minack. Doch
as Tau wird immer straffer und straffer und droht schon, den kleinen
Kahn unter Wasser zu drücken. Da ruft Minack seinen Gesellen am
Ufer zu: „Halt! Haltet an, laßt die Winden los!" Aber der Sturm
war jetzt stärker losgebrochen, und bei dem Toben der Elemente ver=
stehen jene fälschlich: „Windet zu, windet zu!" und arbeiten um so
kräftiger darauf los. Jetzt füllt sich der kleine Nachen des Minack
schon mit Wasser; das straffe Tau vom Kahn herunter zu heben, ist
ihm unmöglich; in seiner Todesangst holt er sein Messer hervor und
erschneidet dasselbe. In demselben Augenblick, in welchem die beiden
Enden des durchschnittenen Taues in die Tiefe fahren, teilt sich die
Flut und aus den schäumenden Wogen rauscht der rote Hahn empor.
Indem er mit seinen mächtigen Flügeln das Wasser peitscht, betäubt
er mit donnerndem Krähen den unglücklichen Fischer und zieht ihn
mit sich hinab in die Tiefe.

Auch von einem im See versunkenen Dorf oder gar Stadt wurde
früher viel erzählt, namentlich als man vor Jahren ein Stück Holz,
ähnlich dem Knopf einer Dorfkirche, einmal beim Fischen aus dem
Wasser zog. Fährt man an einem schönen, stillen Sonntag=Vormittag
über die Stelle, wo die Stadt untergegangen ist, so kann man noch heute,
heißt es, aus dem Wasser herauf das Läuten der Glocken vernehmen.

In der Nähe der nördlichen Spitze des Stechlin, die Kreuzlanke
genannt, befindet sich ein Luch. Dort erscheinen dem nächtlichen
Wanderer drei Jungfrauen mit brennenden Laternen und führen ihn
so in die Irre, daß er stundenlang laufen muß, ehe er den rechten
Weg wieder findet.

Nach den Mitteilungen der Herren Gutsbesitzer Litzmann zu Neu-Globsow und Schall
zu Neu-Roofen.

---

43. Am Friedhofe von Alt-Globsow.

Die Straße von Neu= nach Alt=Globsow führt hart am Fried=
hofe des letztgenannten Ortes vorüber. Am Rande desselben hockt

um Mitternacht, wie das Volk wissen will, ein altes, krummes, ab
tückisches und hinterlistiges Weib, welches keinen, der des Nachts d
Weges daherkommt, ungeschoren an sich vorübergehen läßt. De
kaum ist er bis an den Friedhof gelangt, so schwingt sich die A
plötzlich auf seinen Nacken und drückt ihn mehr als Zentnerlast, |
daß er schier zu Boden sinken möchte. Endlich, wenn man die A
mühsam bis zu der Stelle des Dorfes geschleppt hat, wo die Straße
sich kreuzen, fühlt man sich plötzlich seiner Bürde enthoben. Die A
wankt wieder dem Kirchhofe zu und verschwindet im nächtlichen Dunk

Mitgeteilt durch Herrn Gutsbesitzer Schall zu Neu-Roofa

44. Der Spuk auf dem Eckerberge.

Die Burow-Neu-Globsower Landstraße führt kurz vor der Stelle
wo sie in die Menzer Forst einmündet, über einen Hügel, den so
nannten Eckerberg, auf welchem neben dem Wege ein großer Find
lingsblock ruht. Derselbe trägt auf seiner Oberfläche eigentümliche
Rinnen, so daß die Annahme, er habe früher als Opferstein gedient,
nicht ganz ungegründet erscheinen mag. — Wenn man nun um Mitternacht über jenen Hügel geht, so erscheint einem bei dem geheimnis-
vollen Steinblock ein Mann ohne Kopf, der den Vorübergehenden irr
leitet, so daß es lange dauert, ehe er sein Ziel erreicht. Schon viele
wollen dem Manne, der seit alten Zeiten hier sein Wesen treiben soll
begegnet sein und seine Tücke erfahren haben. Einen besonderen Possen
aber spielte er einst der Frau eines Holzfällers, die jeden Abend ihrem
Manne entgegenzugehen pflegte, um seine holzbeladene Karre nach Haus
ziehen zu helfen; nach altem Rechte durften sich nämlich die Holzfäller
täglich eine Karre Holz mit aus dem Walde nehmen. — So machte
sie sich denn auch eines Tages auf und erwartete am Waldessaume
ihren heimkehrenden Mann. Doch Stunde um Stunde verging, ohne
daß er kam. Finstere Nacht brach herein — da endlich erschien der
sehnsüchtig Erwartete. Die Frau ergriff ohne weiteres den Strick an

Vorderende der Karre, um zu ziehen, während der Mann die schwere
Last nachschob. Bald war der verrufene Ort erreicht. Nichts wurde
sichtbar, aber unwillkürlich sah sich die Frau auf einmal gezwungen, das
Zugseil fahren zu lassen und aus dem Fußwege, auf dem sich die
Karre bewegte, seitwärts in den Fahrweg versetzt. Sie wollte ihrem
Manne zu Hilfe kommen und den Strick wieder erfassen; doch es
war ihr unmöglich, die Wagenspur zu verlassen; eine unsichtbare Ge-
walt hielt sie mitten auf dem Fahrwege zurück. So mußte sie neben
der Karre einherschreiten, bis endlich der nächste Kreuzweg sie vom
Banne des Spukes befreite.
Mitgeteilt durch ebendenselben.

---

45. Die Linde im Schloßgarten zu Zernikow.

Im Schloßgarten zu Zernikow steht eine mächtige, alte Linde,
ganz hohl und an einer Seite mehrere Fuß breit mit Brettern verkleidet. Von ihr erzählt man sich, ein Schloßherr von Zernikow habe
eine heimliche Geliebte gehabt, der er in den breiten Ästen des alten
Baumes eine Wohnung gebaut habe. In dem hohlen Stamme aber
sei eine durch eine Thür verschließbare Treppe gewesen, auf welcher
er seiner Geliebten immer heimlich Lebensmittel zugetragen habe.
Mitgeteilt durch ebendenselben.

---

46. Der Schlitterstein in Zernikow.

Auf der Dorfstraße in Zernikow liegt der Kirche gegenüber ein
großer, etwa 8—10 Fuß langer und 4—5 Fuß breiter Findlingsblock
mit fünf tiefen Eindrücken, welche gerade so aussehen, als ob sie von
den Fingerspitzen einer Riesenhand herrührten. — Die Sage erzählt,

4*

in Granſee habe dereinſt ein Rieſe gewohnt, der, als in Zernitow die erſte Kirche der Gegend gebaut worden ſei, aus Ärger hierüber den großen Stein aufgenommen und von ſeiner Burg aus nach der Kirche geſchleudert habe, um ſie zu zertrümmern. Aber trotz der großen Kraft, die er zum Wurfe verwendete, ſo daß ſogar ſeine Finger ſich in dem Steine abdrückten, hätte er um einige Schritte zu kurz geworfen, und der Stein ſei daher auf die Stelle gefallen, auf der er noch heute liege.

Schlitterſtein wird derſelbe deshalb genannt, weil die Jugend wegen ſeiner ſchrägen Lage gern auf demſelben ſchlittert.

Ein ähnlicher Stein hat bis vor etwa 50 Jahren vor den Gutsgehöfte daſelbſt gelegen, iſt aber geſprengt und mit zur Aufführung einer Mauer verwendet worden.

Mitgeteilt durch die Herren Gutsbeſitzer Schall zu Neu-Rooſen, Lehrer Sehle zu
Dierberg und Kahn zu Kloſterheide.

---

47. Der ſchwarze Hund in Kelkendorf.

In Kelkendorf erſcheint gar oft zur Abendzeit in der Dorfſtraße ein großer, ſchwarzer Hund; der geht langſamen Schrittes auf den Dorfbrunnen zu, ſchaut über den Rand desſelben in das Waſſer hinab und eilt dann zum anderen Ende des Dorfes hinaus nach dem nahen Zernikow.

Mitgeteilt durch Herrn Gutsbeſitzer Schall zu Neu-Rooſen.

---

48. Das Geſchenk des wilden Jägers.

Einſt ging ein Mann durch den Wald, da traf er auf den wilden Jäger, welcher mit ſeinen Hunden im Revier jagte. Dieſer

nahm ein Stück Fleisch und warf es dem Manne vor die Füße,
indem er sprach: „Da friß, sonst jage mit."

Aus Groß-Woltersdorf mitgeteilt durch Herrn Lehrer Sehse zu Dierberg.

49. Das Totenhemde.

Auf dem alten Kirchhofe zu Groß=Woltersdorf kam stets ein
Toter um Mitternacht aus seinem Grabe, legte sein Hemde an der
Kirchhofsthür nieder und machte seine nächtlichen Wanderungen zum
Schrecken der Dorfbewohner. Ein Knecht sagte einst zu seinen Ge=
nossen, er wolle dem wandernden Toten das Hemde wegnehmen.
Wiewohl man ihn vor diesem Wagnis warnte, that er es dennoch.
Da erschien plötzlich der Tote wieder und forderte sein Hemde. Der
Knecht entwich in die Vorhalle der Kirche und verriegelte die Thür.
Der Tote jammerte und flehte um sein Hemde, erhielt es aber nicht.
Endlich bat er den Knecht, ihm wenigstens einen Zipfel durch das
Schlüsselloch zu stecken, damit er sich einen Lappen abreißen könne.
Diese Bitte wurde gewährt; da öffnete sich die Thür mit donner=
ähnlichem Krachen. Den Knecht fand man fast leblos in der Halle
liegen. Er wurde krank und nahm ein frühzeitiges Ende.

Mitgeteilt durch ebendenselben.

50. Land abgehakt.

Vor altersgrauen Zeiten lebte in Groß=Woltersdorf ein Bauer,
der aus Niederträchtigkeit gegen seine Nachbarn in jedem Frühjahre
etwas über die gesetzliche Ackergrenze „hinaushakte." Zur Strafe für
diesen Frevel konnte er im Grabe keine Ruhe finden. Noch lange
nach seinem Tode glaubten die jungen Burschen des Dorfes, wenn

sie des Abends ihre Herden von der Weide heimtrieben und über das Grundstück des bösen Bauern kamen, hoch in den Lüften den lang gedehnten, lauten Klageruf zu vernehmen: „Afhåkt! afhåkt!" Als sich dies immer und immer wiederholte, so erzählten sie endlich ihr Erlebnis im Dorfe. — Da begleitete denn eines Tages ein alter Mann, der die Bosheit des verstorbenen Bauern selber noch mit an= gesehen hatte und sich daher den Spuk auf dessen Acker wohl erklären konnte, einen der jungen Hirten auf die Weide. — Es wurde Abend, und beide begaben sich mit dem Vieh auf den Heimweg. Kaum hatten sie das Land des Spukbauern betreten, so erklang auch richtig über ihnen wie zu anderen Zeiten der bekannte Ruf: „Afhåkt! afhåkt!" „Häst du denn afhåkt," erwiderte drauf der Alte, „so lôp man an kumm ihrgistern (vorgestern) werrer," — und alsbald verstummte die Stimme und ward nie wieder gehört. — An einem bereits ver= gangenen Tage konnte der Spuk nicht wiederkehren; der Tote war somit von seinem Fluche befreit und konnte endlich Ruhe finden.

Mitgeteilt durch Herrn Gutsbesitzer Schall zu Neu-Koosen.

51. Das rote Männchen auf der Postbrücke.

Zwischen Lögow und Lüdersdorf befindet sich eine massive Brücke, welche die Postbrücke genannt wird. Auf derselben zeigte sich oft ein rotes Männchen, welches Reisende um die Mitternachtsstunde in Schrecken setzte. Einst kam um diese Zeit des Weges ein Landmann aus Woltersdorf mit einem Gefährt. Als er an der Brücke ange= langt war, stutzten die Pferde und waren nicht zu bewegen, weiter zu gehen. Der Mann stieg vom Wagen, um zu sehen, was da sei. Da sah er vorn auf der Deichsel ein rotes Männchen stehen, welches bei seiner Annäherung nach hinten lief. Als er dorthin kam, floh es wieder nach vorn. Und so war es bald vorn, bald hinten, bald rechts, bald links, ohne vom Gefährt zu weichen. Die Pferde aber waren nicht von der Stelle zu bringen. Der Landmann bat die

Erscheinung inständigst, ihn reisen zu lassen, aber vergebens. Endlich sagte er: „Wenn ich nach der Stadt komme, werde ich mir eine Postille kaufen." Da verließ ihn das Männchen, und die Pferde zogen weiter. In Gransee kaufte er eine Postille und schrieb auf den Deckel:

„Dem Bösen bin ich entgangen,
Das Gute hab' ich empfangen."

Noch heute wird das Buch von einem Urenkel in Woltersdorf auf-bewahrt.

Aus Groß-Woltersdorf mitgeteilt durch Herrn Lehrer Lehse zu Dierberg.

52. Der Kobold in der Weide.

An der Landstraße zwischen Rauschendorf und Gransee stand eine hohle Weide. Hier wurden Vorübergehende häufig in nächtlicher Stunde durch Neckereien eines bösen Geistes belästigt. Ganz beson-ders hatte ein alter Semmelträger aus Woltersdorf von den losen Streichen desselben zu leiden. Er sprang nämlich in Gestalt eines roten Männchens dem Alten gar oft auf die Kiepe und streute das Gebäck auf dem Wege umher, so daß dieser große Mühe hatte, seine Ware wieder einzusammeln.

Aus Groß-Woltersdorf mitgeteilt durch ebendenselben.

53. Das alte Schloß bei Königstedt.

Nach der Sage hat einst beim Dorfe Königstedt ein altes Schloß gestanden und zwar auf dem Grund und Boden des heutigen Schulzen daselbst, der beim Pflügen noch auf alte Fundamente gestoßen ist.

Die Stelle zeigt sich heute als eine in Wiesen gelegene Sandfläche
und es dürfte dies Schloß ehedem eine sogenannte Wasserburg gewesen sein.

Mitgeteilt durch Herrn Gutsbesitzer Schall zu Neu-Roosen.

54. Das vermauerte Thor zu Gransee.

In vielen Städten der Mark Brandenburg, nur nicht in der
Altmark, findet man etwas, was man nur sehr selten in andern
Ländern antrifft. Neben dem gewöhnlichen Stadtthore ist nämlich
noch ein zweites, zugemauertes Thor. Nach allem muß man annehmen, daß dieses das allererste gewesen, weil es mit dem Bau der
Mauer, in der es sich befindet, übereinstimmt, und weil es auch gerade auf die Straße zugeht, wogegen das jetzige offene Thor schräg
in die Stadt hineinführt. Welche Bedeutung die zugemauerten Thore
gehabt, und aus welcher Veranlassung sie vermauert sind, das suchen
unsere Geschichtsschreiber vergeblich zu erforschen. Es finden sich
namentlich dergleichen vermauerte Thore in Kyritz, in Wittstock, zu
Wusterhausen im Ruppinschen, zu Gransee zwei, zu Soldin drei, zu
Friedeberg zwei, zu Morin zwei, zu Berlinchen zwei, zu Königsberg
zwei, zu Schönfließ zwei, desgl. zu Landsberg an der Warthe, zu
Beerwalde, zu Woldenberg, zu Bernau, zu Fürstenwalde und zu
Mittenwalde.

Von den beiden Thoren zu Gransee hat man zwei verschiedene
Sagen. Einige nämlich geben vor, es sei einstmals ein Kaiser durch
die Stadt gereiset, dem zu Ehren man beide Thore, durch die er gekommen, zugemauert, damit niemand mehr hindurchreisen solle. Andere
dagegen behaupten, da bekanntlich in Gransee früher Wenden gewohnt,
daß diese von den einwandernden Deutschen vertrieben seien, und nun
diese letzteren die Thore, durch welche die Wenden ausgegangen, nicht
würdig erachtet, auch von ihnen gebraucht zu werden, weshalb sie dieselben dann zugemauert und für sich nebenan neue Thore haben machen

ssen. Hiermit stimmt es überein, daß in den Dörfern auf dem
ande, wo noch Deutsche und Wenden zusammenwohnten, die Deutschen
ich der gewöhnlichen Kirchenthüren bedienten, dieses aber nicht den
Wenden gestatteten, welche vielmehr durch eine kleine, besonders ange=
egte Thür, in die Kirche gehen mußten.

W. Schwartz u. s. O. S. 150. 151. (II. Aufl. S. 141. 142.)

55. Graf Wend.

Es ist uns unbekannt, wie weit sich in dem Andenken der Be=
wohner Gransees eine das daselbst belegene Wendfeld betreffende
Tradition erhalten hat. In der Nachbarschaft dieser Stadt soll näm=
lich ein von den Grafen von Lindow unabhängiger Graf, namens
Wend, gewohnt haben, ein reicher, alter Herr, ohne Weib und Kind,
nur von wenigen Bedienten umgeben. Dem gehörten zu eigen weite,
fruchtbare Landstrecken, welche bis dicht an das Ruppiner Thor reichten,
schönes Kien= und Eichholz, aus welchem die Bürger viele Eichen, zu
dreißig Thalern das Stück, verkauften, schöne, große Wiesen von ge=
deihlichem Graswuchse und die fruchtbarsten Ackerfelder, darauf einige
hundert Enden, von denen jedes Ende später wohl hundert Thaler galt.
Dieses sein Eigentum nun, über welches der gedachte Graf zu ver=
fügen die vollste Freiheit hatte, verkaufte er der Stadt für elf Thaler
unter der Bedingung, daß die Bürger Zeit seines Lebens für seinen
Unterhalt sorgten. Doch überlebte er den Abschluß dieses Handels
nur anderthalb Jahre. Die Bürger benutzten nun ungehindert das
so erstandene Feld. — Wenige Jahre vor dem Ausbruch des sieben=
jährigen Krieges jedoch wußte ein in Gransee ansässiger Bäcker das
Wendfeld bei Hofe als eigenen Besitz zu erlangen, indem er es mit
Maulbeerbäumen zu besetzen versprach. Weil aber durch diese Ver=
fügung viele Bürger würden ruiniert sein, und die Stadt in dem
Amte Alt=Ruppin in einem alten, ungeachteten Manuskripte Nachricht
vom Grafen Wend beibrachte, so wurde der Bäcker mit einem derben

Verweise abgewiesen. Natürlich war jedermann in Gransee die Bäcker feind, so daß er sich genötigt sah, nach Zehdenick zu zie — „Mag es nun," fügt Kampe der Sage hinzu, „mit dem e erwähnten Manuskripte für eine Bewandtnis haben, welche es m so ist doch die ganze Erzählung vom Grafen Wend zu märchen und dem Geiste jener Zeit zu sehr widersprechend, als daß wir i irgendwie Glauben beizumessen vermöchten . . . . Wendfeld ode Wendland hieß jener Teil der städtischen Feldmark wohl nur des weil er den ursprünglich hier seßhaften Wenden zur Benutzung laffen war; wir wollen damit auch gar nicht geleugnet haben, nicht etwa ein wendischer Edler der Besitzer dieser Landstrecke wie er es vor der Eroberung durch Albrecht den Bären gew Ein Graf Wend aber, wie ihn die Tradition ausgebildet hatte, nimmermehr gelebt."

Kampe, Geschichte der Grafen von Ruppin und der Stadt Neu-Ruppin (Handschri im Besitz der Pfarrkirchenbibliothek zu Neu-Ruppin) S. 174. 175.

56. Erlöst.

Wer vor langen Jahren die Straße, welche die Stadt Gransee mit dem Dorfe Schönermark verbindet, hinabzog, konnte, wenn er das alte Stadtthor im Rücken hatte, gleich zur Linken mitten in Gärten ein kleines Gehöft erblicken, unansehnlich und zerfallen. Be sonders war das Wohnhaus in baufälligem Zustande, der nur da durch, daß dasselbe seit langer Zeit völlig unbewohnt war, einiger maßen entschuldigt werden konnte. Daß aber das Häuschen tro seiner hübschen Lage ganz und gar keinen Mieter finden wollte, er klärt sich leicht; denn durch die ganze Stadt ging das Gerücht, da es daselbst fürchterlich spuke, und jedermann scheute sich, mit dem Spuk in nähere Berührung zu kommen.

Da ließ sich eines Tages ein junges, aber armes Brautpaar trauen. Die Hochzeit wurde gefeiert, aber nachher war nirgends in der Stadt eine Wohnung offen, wo die jungen Leute ein Unterkommen

junden hätten. Es blieb ihnen nichts anderes übrig, als das ver=
fene kleine Haus zu beziehen. Schon lange Zeit hatten sie beide
drin friedlich zugebracht. Den ganzen Tag regte und rührte sich
ichts in ihrer Wohnung. Da that sich eines Abends die Thüre
uf, und herein trat ein altes Mütterchen mit einem Schemel und
Spinnrocken in der Hand, setzte sich am Kaminfeuer nieder und be=
gann zu spinnen, ohne ein Wörtchen zu verlieren. Nach ein paar
Stündchen erhob es sich und ging stillschweigend, wie es gekommen,
ieder zur Thüre hinaus. Anfangs erschraken die jungen Leute gar
hr über die Erscheinung; als sich aber der merkwürdige Besuch seit=
em Abend für Abend wiederholte, gewöhnten sie sich bald an den=
lben und blieben ruhig bei einander am Tische sitzen, während die Alte
pann. Nur eins nahm sie Wunder, daß nämlich diese auf keine ihrer
Fragen antwortete, sondern immer schwieg und that, als hörte sie nichts.

Einst ging der junge Mann nach der Stadt; es war gegen
Abend, und die Frau bat ihn, recht bald wieder zu kommen, da es
ja schon so spät wäre. „Nun, du wirst dich doch nicht fürchten?"
erwiderte der Gatte. „Großmütterchen" — so pflegte nämlich das
Ehepaar die Alte zu nennen, so oft es von ihr sprach — „ist ja bei
dir." Mit diesen Worten verließ er die Stube. Die Frau blieb
zurück, setzte sich am Tische nieder und schaute unverwandt der Arbeit
des Mütterchens zu, das auch heute wieder erschienen war. — Plötz=
lich rief sie: „Großmutter, ihr spinnt ja nach links herum!" „Meine
Tochter," gab ihr die Alte zurück, „ich danke dir; mit diesen Worten
hast du mich erlöst. Zum Lohne aber für das, was du an mir ge=
than, thu ich dir kund, daß hier unter diesen Steinen, auf denen
mein Schemel und Spinnrocken steht, ein Topf mit vielem Gelde
verborgen liegt. Grabe ihn aus, doch so, daß dein Mann nichts
davon gewahr wird, und verbirg ihm das Geheimnis, das ich dir
anvertraut, bis zum dritten Tage; alsdann wird der Schatz euch zu
glücklichen Leuten machen." — Damit ergriff sie Schemel und Spinn=
rocken, ging hinaus aus dem Zimmer, um — nie wieder zu erscheinen.
Das junge Ehepaar aber gelangte durch das gefundene Geld zu reichem
Segensstande.

Mitgeteilt durch Herrn Gutsbesitzer Schall zu Neu-Roosen.

57. Major von Kaphengst.

Der Major von Kaphengst lebte als Adjutant des Prinz Heinrich von Preußen eine Reihe von Jahren an dessen Hofe Rheinsberg, von wo er im Jahre 1774 in das am Huwenow gelegene Schloß Meseberg übersiedelte. Noch heute weiß man in ganzen Umgegend von seinem wüsten und wilden Leben und zu erzählen, und noch heute verstecken sich bei dem Rufe: „Kaph kommt!" die Kinder scheu und furchtsam hinter der Mutter. Wunder, daß sich auch die Sage dieses Mannes bemächtigt hat; sonders ist es die Erinnerung an seine Habsucht, die sich im wach erhalten hat.

Als nämlich, so erzählt der Volksmund, die Grenze zwisch Meseberg und Strubensee unkenntlich und daher streitig geworde war, war Kaphengst eifrig darauf bedacht, sein Gebiet zum Nacht seiner Nachbarn zu erweitern und die Grenze auf Strubenseeer biet zu verlegen. Wohl wußte er, daß er seine Aussagen beschwör müsse, aber das machte ihm wenig Kummer. Wie nun der Termin, an dem er seinen Eid leisten sollte, herangekommen war, that er Erde von seinem Grund und Boden in seine Stiefel und begab sich nach der neuen, zu seinen Gunsten abgesteckten Grenze, wo die Verhand lung stattfinden sollte. Hier trat er auf die ihm zugesprochene Seit dicht neben den neuen Grenzpfahl und beschwor dreist und keck, daß er auf seinem Grund und Boden stehe. — Die Strafe für solch frevelhaften Meineid sollte nicht ausbleiben. Denn als er starb, fan seine Seele nimmer Ruhe im Grabe, unstät wandert sie auf der Grenze auf und ab und ganz deutlich kann man zur Mitternacht stunde den Ruf vernehmen: „Hierher, hierher! Hier ist die Grenze!"

Ähnlich wie hier hat es auch auf der Grenze von Sonnenberg gespukt; gar oft hat man dort des Nachts den Ruf gehört: „Wo soll ich ihn hinstecken? Wo soll ich ihn hinstecken (nämlich den Grenz pfahl)?" Auch dies soll kein anderer als Kaphengst gewesen sein. Den Zuruf vernahm einst ein beherzter Mann, und als er darauf entgegnete: „Stecke ihn hin, woher du ihn genommen," erhielt er

Antwort: „Wäre mir das schon vor 100 Jahren gesagt, so hätte seitdem nicht zu wandern brauchen."*)

Seit der Zeit hat man denn die Rufe nicht mehr vernommen, und es scheint, als ob die arme Seele des wilden Majors endlich Ruhe gefunden hat. — Auch sieht man ihn jetzt nicht mehr auf einem Schimmel, den Kopf unter dem Arme, an dem Huwenow-See bei Rejeberg herumreiten.

Mitgeteilt durch Herrn Lehrer Kahn zu Klosterheide.

58. Der Schatz im Meseberger Felde.

In Buberow wohnte vor Jahren ein Bauer, namens Sch.; ein Enkel lebt noch heute daselbst. Zu diesem alten Sch. nun kam einst ein Jesuit, angeblich aus Italien, und erzählte demselben, daß er sich im Besitze einer Wünschelrute befinde, durch die er alle verborgenen Schätze entdecken könne. Auch auf dem Meseberger Felde solle ein großer Schatz verborgen liegen, der könne aber nur gehoben werden, wenn einer, der in der Johannisnacht geboren sei, sich beteilige. Da er nun wisse, daß dies bei ihm — dem alten Sch. — der Fall sei, so solle er ihm helfen. Der Arbeitsmann des Sch., ein starker, rüstiger Mann, wird als dritter gewählt, und so ging es in einer Johannisnacht zwischen 12 und 1 Uhr nach dem Felde in der Nähe des Dorfes Meseberg. Dort erklärte ihnen der Jesuit, daß sie auf keinen Fall sprechen dürften, es komme, was da wolle. Die beiden sind's zufrieden, und der Jesuit zieht seine Wünschelrute hervor und spannt sie bogenförmig zwischen die beiden Daumen. Still und behutsam gehen sie vorwärts; da mit einem Male neigt sich die Rute, und dies war das bestimmte Zeichen, daß man den Ort, an dem der Schatz verborgen lag, gefunden hatte. Der Jesuit zog nun mit seinem Stabe einen Kreis und hielt dann seine Rechte segnend über den Ort. Ohne ein Wort zu reden, ergriffen nun die drei die

*) Übrigens starb der Major v. Kaphengst erst im Jahre 1800.

mitgenommenen Gräber (Spaten) und schaufelten, bis sie auf große, schwere Lade (Koffer) stießen. Abwechselnd schoben sie bald unter das eine, bald unter das andere Ende der Lade Erde förderten dieselbe so bis an die Oberfläche. Da mit einem M entstand ein gewaltiger Wirbelwind und in demselben kam Urian Schwanz und Pferdefuß, grüßte und sprach: „Was macht ihr hier — Keine Antwort. — „Ihr seid ja so fleißig." — Alles still, im weiter wird gearbeitet. — „O, ihr wollt mir wohl keine Antw geben? Nun, dann werde ich Ernst gebrauchen," — und damit er auch schon mit seinem immer länger werdenden Arme in den erfaßt den Arbeitsmann und zieht ihn näher an sich heran. Je, ist mit einem Male aller Mut dahin, und in namenloser Angst der Arbeiter: „Ach, du lieber Gott, was werden nun meine Frau und Kinder machen!" Hätte er doch nur, wie versprochen, geschwiegen, der Böse hätte nie und nimmer die Macht gehabt, aus dem Kreise herauszuziehen und ihm etwas anzuthun, und wäre nach Wunsch gegangen. Aber so — kaum hat er den A schrei ausgestoßen, da entsteht plötzlich ein starker Knall, und die ist verschwunden und mit ihr das Loch, das sie so mühsam gegr Mit dicken Schweißtropfen vor der Stirn sieht einer den andern schreckt an, und unter Vorwürfen gehen die drei mit leeren Händen heim.

Mitgeteilt durch Herrn Kantor Rosenberg zu Eschendorf.

59. Der Kobold in Meseberg.

Eine Bauernfrau hatte in einem dunkeln Verschlage einen Kobold. Dieses Behältnis zu öffnen, hatte sie ihren Dienstmägden auf das strengste verboten. Einmal jedoch, als die Frau zur Kirche gegangen war, benutzten die Mädchen die Gelegenheit, ihre Neugierde zu befriedigen. Vorsichtig öffneten sie den Verschlag; dabei konnten sie jedoch nicht verhindern, daß ein Wesen wie eine schwarze Katze aus demselben entfloh, einen üblen Geruch hinterlassend. — Die Bauern u überkam in der Kirche ein ängstliches Gefühl, so daß sie noch dem Schlusse des Gottesdienstes nach Hause eilte. Hier sah sie Entsetzen, was geschehen war. Der Kobold kam nicht wieder, so mit ihm war alles Glück des Hauses gewichen.

Mitgeteilt durch Herrn Lehrer Sehle zu Dierberg.

60. Der Fünffingerstein bei Kraatz.

Auf den Hellbergen bei Häsen wohnte in alten Zeiten auf seiner Burg ein Riese, welcher ein großer Feind des Christentums war. Als man das Kloster in Gransee baute, ward er so zornig, daß er einen großen Stein nahm und denselben in der Richtung auf die Stadt warf. Der Stein fiel auf einem Hügel bei Kraatz nieder, welcher der Fünffingerberg heißt, und ist noch heute dort zu finden. Er hat eine Länge von etwa 12 Fuß und ist 8—10 Fuß breit, während die Höhe — er liegt zum Teil in der Erde verborgen — wohl dieselbe Ausdehnung haben mag. Auf diesem Steine bemerkt man fünf Vertiefungen, welche von dem Eindrucke einer Riesenhand herzurühren scheinen. — Man hat zwar schon vielfach versucht, diesen Felsen zu sprengen, doch sind immer nur kleine Teile abgesprungen, und so sind denn die Spuren der Riesenhand immer noch sichtbar.

Mitgeteilt durch ebendenselben.

61. Die Donnerkuhle.

Etwa zehn Minuten westlich von dem Dorfe Radensleben liegt eine Anhöhe, welche mit einem Kiefernwäldchen bestanden ist. Dies führt den Namen „die Donnerfichten." Hart neben demselben befindet sich eines der Wasserlöcher, welche gewöhnlich als alte Mergel-

gruben bezeichnet werden, in Wirklichkeit aber meist aus der
stammen, in welcher unser Alluvium sich gebildet hat. Diese
Einsenkung heißt „die Donnerkuhle." — Hier soll einst in alter
ein Bauer am Sonntag=Vormittag gepflügt haben und zur S
für diese Sonntagsentheiligung samt seinen Pferden bei einem
heraufziehenden Gewitter vom Blitz erschlagen worden sein. De
waltige Blitzschlag, heißt es, habe gleichzeitig die Kuhle, welche
heute davon ihren Namen trägt, aufgerissen. Zum Andenken an
Ereignis sollen die Überreste des Pfluges noch lange Zeit in der
des Dorfes aufbewahrt worden sein.

Mitgeteilt durch Herrn Landrat v. Quast=Radensleben.

---

62. Der Grabstein der Familie v. d. Knesebeck in Karwe.*

Auf dem Kirchhofe zu Karwe befindet sich ein mächtiger Fels
als Grabstein für die v. d. Knesebeck'sche Familie. Derselbe
im Jahre 1846 von der Grenze zwischen der Karwer und Lichtenberge
Feldmark an seinen jetzigen Ort gebracht; zu seinem Transport war
16 Pferde erforderlich.

An diesen Stein nun knüpft sich folgende Sage:

In uralter Zeit kämpften zwei Hünen mit einander; der ein
stand diesseits, der andere jenseits des Ruppiner Sees. Da sie
nicht an einander kommen konnten, beschloß der auf der Westseite des
Sees, sich einen Weg durch das Wasser zu bahnen. Daher ra
er eine große Menge Sand in seine weite Schürze, schüttete sie in

---

*) „Links neben dem Empfangs=Saale (im Karwer Schlosse) befinde
das Arbeitszimmer des gegenwärtigen Besitzers. Es ist sehr klein, etwas gerä
voll gelegen und selbst zur Nachtzeit ohne wünschenswerte Ruhe. Die „Dame i
schwarzen Seidenkleid" nämlich, als welche der Karwer Spuk auftritt, beginnt vo
hier aus ihren Rundgang." Th. Fontane, Die Grafschaft Ruppin. 4. Aufl. S. 2
— Etwas Näheres darüber beizubringen, ist mir bis jetzt leider nicht möglich g
wesen.

...sser und — ein Viertel des Weges, wohl 50 Schritt oder mehr, ...r fertig. Als er die zweite Schürze voll herbeischleppte, zerriß das ...chürzenband, und er mußte sein Vorhaben aufgeben. In seinem ...rimme faßte er nun jenen gewaltigen Stein und warf ihn auf ...einen ihn verhöhnenden Gegner. Die Fingereindrücke waren ehemals ...och deutlich auf dem Steine sichtbar. — Noch heute ist die im See ...erschüttete Stelle wegen ihrer sehr geringen Tiefe den Schiffern höchst ...efährlich. Sie befindet sich beim sogenannten Krähenschuster, einem ...nzeln stehenden Hause, dem Dorfe Gnewikow gegenüber.

Mitgeteilt durch Herrn Lehrer Lücke zu Karwe.

---

63. Der Spötter von Herzberg.

Einst gingen in Herzberg mehrere junge Leute um Mitternacht über den Kirchhof. Einer von ihnen rief: „Tote, stehet auf und kommt zum Gericht!" — Am folgenden Tage wurde der Frevler krank und starb bald darauf.

Mitgeteilt durch Herrn Lehrer Sehse zu Dierberg.

---

64. Die Hexe von Rüthnick.

Vor Zeiten lebte in Rüthnick eine Bauernfrau, mit Namen Gänrich, welche im Dorfe und in der ganzen Umgegend für eine Hexe gehalten wurde. Als nun deren Stündlein geschlagen hatte, hielt auch ihr, wie üblich, der Geistliche in der Kirche die Leichenrede; alsdann versenkte man den Leichnam in die Gruft. Aber wie erschraken die Angehörigen, als sie wieder heimkehrten! Denn sie sahen, wie die eben Begrabene aus der Hausbodenluke herausschaute und dabei fortwährend in die Hände klatschte. — Von nun an wurden

die Hausbewohner von der Alten in einem fort beläſtigt und ga
in Angſt und Schrecken geſetzt; bald zeigte ſie ſich hier, bald
plötzlich und unerwartet; ſo oft man aber den Schweinen F
reichte, ſaß ſie in ihrer alltäglichen Kleidung im Futtertroge und
die Fütterer grinſend an.

Da wünſchte man denn nichts ſehnlicher, als die Alte lo
werden. Zum Glück kamen einſt Juden ins Dorf, welche den e
gegen Entgelt aus dem Hauſe fortbrachten und ihm eine Stätte
der Grenze zwiſchen Rüthnick und Grieben anwieſen. Das war
zwar ganz ſchön; denn die Hausbewohner waren glücklich von
Alten befreit; aber deſto mehr Unfug trieb ſie dort auf der
So oft Leute vorbeikamen, ängſtigte ſie dieſelben auf alle An
Weiſe, ja ſie bewarf dieſelben ſogar oft mit Erde. Im ganzen D
wußte man keinen Rat, wie dem Übelſtande abzuhelfen ſei. Da kehrt
ſei es aus Zufall oder aus Abſicht, die Juden zurück und verſprach
als man ihnen den Vorfall erzählt, Abhilfe für ewige Zeiten.
ſuchten den Spuk auf, peitſchten ihn mit einer Kreuzdornrute in
Flaſche, korkten ſelbige feſt zu und trugen ſie nach Dölln, einer kl
Erdvertiefung zwiſchen Rüthnick und Ludwigsau, um ſie dort en
graben. Als dies aber geſchehen ſollte, bat die Alte „von Himm
zu Erden" (d. h. flehentlich), ihr doch wenigſtens einen Stein zu
Spielen (Zeitvertreib) zu geſtatten. Dieſer Bitte jedoch konnte ma
nicht nachgeben, denn ſonſt hätte die Alte Menſchen und Tiere, d
in der Nähe vorüberzogen, damit geworfen, und ſo oft ſie auch g
worfen hätte, immer wäre der Stein wieder zu neuem Wurfe in ih
Hand zurückgekehrt. So aber kann ſie nicht aus ihrer Flaſche herau
und iſt und bleibt begraben — und mit dem Spuk hat es für imm
ein Ende.

Mitgeteilt durch Herrn Lehrer Kahn zu Kloſterheide.

65. Der Kobold des Bauern S. zu Grieben.

Der verſtorbene Bauer S. in Grieben hatte bis vor etwa
60 Jahren einen Kobold, deſſen Wohnung eine alte Lade war, je

h, te ein altes Mütterchen aus Klosterheide, welches die Sache
au wissen wollte. Als nun der Bauer einst auf dem Felde wirt-
schaftet, fällt es seinem etwa zehnjährigen Neffen ein, zweien seiner
Spielkameraden „die rote Puppe" zu zeigen. Er öffnet die Lade,
und hurtig springt der Kobold heraus und fängt an in der Stube
herumzutanzen. Nun aber gilt es, den Tanzenden wieder in sein
Quartier zu bringen, damit der Onkel nicht erfährt, was geschehen.
Die Knaben machen auf ihn Jagd, aber vergebens; denn kaum haben
sie ihn in eine Stubenecke getrieben und glauben ihn erfassen zu können,
so ist er ihnen wieder entsprungen. Da kommt denn der Onkel
hin, und erst mit seiner Hilfe gelingt es, den Kobold wieder in seine
Behausung zu schaffen. Der Bauer beschenkt nun die Knaben und
nimmt ihnen das feste Versprechen ab, niemand zu sagen, wie die
Puppe ausgesehen habe.

Der Kobold muß indessen kein guter Hausgenosse gewesen sein;
denn der Besitzer hat ihn mehrfach, ja selbst für den geringen Preis
von 6 Pfennigen, zum Verkauf angeboten; doch ist es zweifelhaft, ob
es ihm gelungen ist, den Kobold zu verkaufen, oder ob derselbe beim
Brande des Hauses ums Leben gekommen ist.

Mitgeteilt durch ebendenselben.

---

66. Der Schatz in Grieben.

Träume und Erscheinungen in Träumen verkünden mitunter den
Ort, wo Geld vergraben ist und fordern zur Hebung desselben auf,
wie dies einmal in Grieben geschehen ist. — Des alten K. etwa
10—12 jähriger Hütejünge wird einst in der Nacht gerufen und aufgefordert, ins Wagenschauer zu kommen, um sich den daselbst liegenden
Schatz zu holen. Bei demselben liege zwar ein großer, schwarzer
Hund, doch brauche er sich vor dem durchaus nicht zu fürchten; nur
solle er sich auf dem Rückwege nicht umsehen. — Doch der Junge
fürchtet sich und geht nicht hin, macht aber seinem Mitknechte von
dem Traume Mitteilung. Dieser aber giebt ihm den Rat, falls er

5*

wieder im Traume gerufen werden sollte, doch zu fragen, ob er n
jemand mitnehmen könne; er werde ihn begleiten. Der Ruf wie
holt sich in der folgenden Nacht, und der Junge frägt, wie ihm
heißen, erhält aber eine abschlägige Antwort. In der dritten Na
etwa um 11 oder 12 Uhr, bittet die Stimme fast eine Stunde la
gar flehentlich, doch zu kommen, da ja keine Gefahr vorhanden
— aber wieder vergebens, und fügt schließlich hinzu: „Ei, ei! we
du durchaus das Geld nicht haben willst, muß es wieder gar lan
liegen bleiben, weil es nun erst wieder jemand aus dem viert
Gliede deiner Nachkommenschaft wird heben können.“ — Als e
der Junge am Morgen sich die ihm bezeichnete Stelle ansieht, sie
er auf derselben ein angeschimmeltes Achtgroschenstück.

Mitgeteilt durch ebendenselben.

67. Der brennende Schatz.

Geht einmal ein Löwenberger zur Nachtzeit nach Oranienburg,
um einen Arzt zu rufen. In dem Walde sieht er unfern des Weges
einen bläulich glimmenden Kohlenhaufen. Freudig geht er auf den
selben zu, da er seine Pfeife hat ausgehen lassen und sein Feuerzeug
vergessen hat. Er nimmt eine Kohle von dem Haufen, legt sie in
den Pfeifenkopf und fängt an zu rauchen. Da aber die Kohle nicht
zünden will, wirft er sie weg und greift nach einer zweiten; aber auch
diese zündet nicht; eine dritte, durch die er gleichfalls kein Feuer er
zielen kann, läßt er im Kopfe und geht verdrießlich seines Weges
weiter. — Als er den Arzt gerufen, begiebt er sich in ein Gasthaus
und wartet hier die Rückkehr desselben ab, um die dem Kranken ver
ordnete Medizin mit zurücknehmen zu können. Hier wandelt ihn
wieder Rauchlust an. Er öffnet den Pfeifenkopf, wirft die vermeint
liche Kohle ab und vernimmt einen hellen Klang. Ihn sowie die
Anwesenden erfaßt Neugier. Sie sehen nach und siehe da! es liegt
ein Thaler auf der Erde. Jetzt geht dem Manne ein Licht auf. Da

die Feuerstelle weiß, untersucht er sie am folgenden Tage und et zwei Thaler — die Kohlen, welche er weggeworfen hat.

Mitgeteilt durch ebendenselben.

---

68. Der dreibeinige Hase.*)

Einst ging ein Arbeiter von Grüneberg nach Linde. Da lief dreibeiniger Hase über den Weg, den er sich fing und in einen ad steckte, um ihn mit nach Hause zu nehmen. Als er auf die rücke bei Linde kam, wurde ihm der Sack auf einmal so schwer; nahm er seinen Stock und prügelte auf den Sack los. Alsdann ng er weiter. Wie er nun hinter sein Haus kam, wollte er, um ch den Weg abzukürzen, über den Zaun springen. Daher warf er den Sack mit dem Hasen zuerst hinüber; der aber ging auf, und der Hase lief davon. Da rief ihm der Arbeiter nach: „Nun kannst du gehen; ich habe dich gut geknüppelt." Der Hase aber antwortete, indem er davon lief: „Und du hast mich gut buckeln müssen."

Mündlich.

---

69. Der Burgwall bei Teschendorf.

An der Berlin-Strelitzer Chaussee zwischen Löwenberg und Teschen= dorf, ungefähr ein Kilometer von letzterem entfernt, liegt ein Burgwall, der vor 20 Jahren noch tief in die Erde gehende Mauerwerke und Kellereien erkennen ließ, jetzt aber geebnet ist. In unmittelbarer Nähe desselben, nach Grüneberg zu, sind schon wiederholt Brunnen aufgefunden

---

*) Auch ein alter Mann in dem Dorfe Lenzke bei Fehrbellin stand in dem nie, sich in einen dreibeinigen Hasen verwandeln zu können und wurde deshalb von allen Leuten des Dorfes verabscheut und gemieden.

worden, von denen aber jetzt jede Spur verschwunden ist, da sie
überackert sind. Früher soll hier das Dorf Chrabsdorf gestanden h[...]
Von diesem Burgwalle nun gehen noch heute verschiedene S[...]
im Munde des Volkes um.

1. Die weiße Dame und der Schatz im Burgwalle.

Noch jetzt wohnt in Teschendorf ein alter, redseliger und
samer Chausseearbeiter, namens Fr. Sch.; derselbe erzählt also:
„Vor etwa 35 Jahren hatte ich eine Braut in Löwenberg. I[...]
hatte dreimal in drei verschiedenen Nächten einen gar merkw[...]
Traum. Es erschien ihr nämlich in demselben eine weibliche G[...]
die sprach zu ihr: „Mache dich auf und gehe hin nach dem B[...]
wall und grabe dort an drei auf einander folgenden Freitagen na[...]
von 12 bis 1 Uhr, so wirst du einen großen Schatz finden.“
Das erste Mal bewahrte meine Braut ihren Traum still bei s[...]
als sie aber in der folgenden Nacht dasselbe träumte, sprach [...]
darüber und suchte einige Helfershelfer; und als der Traum z[...]
dritten Male wiederkehrte, fanden sich drei Knechte bereit, ihr d[...]
Schatz heben zu helfen. So ging es denn eines Freitags in d[...]
Nacht nach dem Teschendorfer Burgwalle. Es wurde gegraben u[...]
— nichts gefunden. In der Nacht des folgenden Freitags ging [...]
wieder dorthin, und siehe! — plötzlich erschien eine weißgekleide[...]
große Dame, die aber niemand weiter sah als meine Braut. D[...]
reichte ihr ein Bund Schlüssel mit stummer Geberde. Sowie ab[...]
meine Braut die weiße Hand mit den Schlüsseln nach sich aus[...]
streckt sah, meinte sie, die Sinne wollten sie verlassen; sie schrie lau[...]
auf vor Schrecken, und die Dame — war verschwunden und mit ih[...]
das gehoffte Glück. Arm habe ich meine Braut gefreit und arm[...]
habe ich sie auch später nach zweijähriger Ehe begraben.“

Mitgetheilt durch Herrn Cantor Rosenberg zu Teschendorf.

2. Noch einmal der Schatz im Burgwalle.

Eine Frau aus Kerkow, namens St., träumte einst, sie sollt[...]
nach dem Burgwalle gehen und dort nach Geld graben, aber weder[...]

sprechen noch lachen. Da sie sich aber allein fürchtete, nahm noch eine Begleiterin mit, und beide gruben, bis sie auf eine [stießen]. Da entfährt der einen Frau beim Graben ein unan= [ständiges] Geräusch, worüber beide laut zu lachen anfangen. Plötzlich [giebt] es einen furchtbaren Krach, und der Schatz fährt in die Tiefe [zurück].

Mündlich.

3. Der Schlangenkönig.

In früherer Zeit, wo die Trümmer des Burgwalles noch mit [dichtem] Haselgebüsch und fruchtbarem Brombeergesträuch bedeckt waren, [suchten] die Knaben des Dorfes um die Zeit der reifen Brombeeren [und] Haselnüsse diesen Ort recht fleißig, an dem zahlreiche, ziemlich [große] Schlangen mit blitzenden Augen der Hantierung der kleinen [Besucher] verwundert aus ihrem Verstecke zuschauten oder auch wohl [nur] durch das unter den Büschen liegende dürre Laub raschelten. [Neugierig] und aufmerksam pflegten die Knaben alsdann den Schlangen [nachzublicken]; denn unter ihnen befand sich ja, wie Mutter und Groß= [mutter] ihnen so oft erzählt, der Schlangenkönig mit der schönen, gol= denen Krone auf dem Kopfe. Und wohin derselbe schlich, da lag der [Schatz] vergraben, den schon oft Leute in stiller Mitternacht zu heben [versucht] hatten. Doch so sehr sie auch aufmerkten, niemals wollte sich [der] Schlangenkönig der kleinen Schar zeigen, und es wäre doch gar zu [schön] gewesen, der Mutter den großen Schatz mit heimbringen zu können.

Mitgetheilt durch Herrn Gymnasiallehrer Kiesel zu Neu-Ruppin.

4. Der Wirbelwind am Burgwalle.

Einst fuhr ein Bauer mit einem Fuder Heu an dem Burgwalle [vor] Teschendorf vorüber, an dem es nimmer geheuer ist. Da erhob [sich] plötzlich ein furchtbarer Sturm, der das Fuder umwarf. Eine [Frau], welche mit ihrem Kinde hoch oben auf dem Fuder saß, wurde [natürlich] heruntergeworfen. Da kam plötzlich ein zweiter Windwirbel, [der] das Fuder wieder in die Höhe richtete. Die Frau aber, der bei [dem] Unfalle das Kind aus den Armen gerissen war, raffte sich wieder [von] der Erde empor und suchte nach ihrem Kinde, aber lange Zeit

vergebens. Endlich entdeckte man, daß das Kind unbeschädigt in ein
am Wege stehenden Baume hängen geblieben war.

Mündlich.

---

70. Die Gans im Brunnen.

Einst wurde bei Spr. in Teschendorf ein Brunnen ausgegraben.
Da erschien plötzlich aus dem Grunde desselben eine Gans, welche
einen Zettel um den Hals trug, der davor warnte, weiter zu graben,
sonst würde es ihnen schlecht ergehen. Die Ausgrabung wurde infolge
dessen eingestellt.

Mündlich.

---

71. Der Riesenstein in Teschendorf.

Noch in den dreißiger Jahren lag in Teschendorf unweit des
Eingangs der Neuendorfer Stege ein ziemlich großer Stein, der vielleicht 20—30 cm aus der Erde hervorragte; seine Länge mochte ungefähr 1 m betragen. Auf der Oberfläche bemerkte man den Abdruck
einer großen Hand. Vor alten Zeiten, so heißt es, als das herein-
brechende Christentum den heidnischen Glauben aus hiesiger Gegend
verdrängte, und schon in manchem Dorfe die Glocken die Gläubigen
in die Kirche einladeten, versuchte ein Riese mit diesem Steine vom
Dorfe Grüneberg her, das von Teschendorf durch einen See getrennt
liegt, den schlanken Turm der Teschendorfer Kirche einzuwerfen, ver-
fehlte denselben aber in seinem Übereifer.

Beim Bau der Chaussee von Berlin nach Gransee (1836) ist
dieser Stein jedenfalls ausgegraben und mit verwendet worden.

Mitgeteilt durch Herrn Gymnasiallehrer Kiesel zu Neu-Ruppin.

2. Der Spuk auf der Chaussee von Langen nach Neu-Ruppin.

Wenn man des Nachts zwischen 12 und 1 Uhr die Chaussee von Langen nach Neu-Ruppin entlang kommt, so tritt einem plötzlich eine Katze entgegen, die sich bald in ein häßliches Kalb verwandelt und keinen Menschen vorbeiläßt. Um dieselbe Zeit riecht es dort merkbar nach Mist.

Mündlich aus Neu-Ruppin.

73. Der Schäfer von Stöffin.

Ein Schäfer verzog einmal von Stöffin nach Dahlhausen in der Prignitz, wo es ihm nicht gefiel. Einst trat er auf eine Anhöhe, sah mit schwerem Herzen nach der Richtung von Stöffin und rief:

„Stöffin, Stöffin, du schönes Land Ruppin!
„Dâlhûsen is Kâhlhûsen!
„Ên Ei? — Ick bliew hier nich! —
„Twê Eier un'n Büss vull Botter,
„Wenn't sô noch woll, denn bliew ick woll!"

Mitgeteilt durch Herrn Lehrer Sehle zu Dierberg.

74. Das Wahrzeichen von Bechlin.

Noch heute steht auf dem Ostgiebel der Kirche zu Bechlin ein sichelartiges Messer, „Knief" genannt, das bis zum Jahre 1795 zwischen den damaligen beiden kleinen Türmen hing, dann aber bei der Reparatur derselben abgenommen und später an seinem jetzigen Standorte befestigt wurde. Von diesem Knief geht folgende Sage:

Zur Zeit der Grafen von Ruppin diente auf dem dortigen her schaftlichen Gute ein Jäger, der sich eines schweren Vergehens schul machte. Er kam zum Priester in die Beichte und begehrte Absolution Diese wurde ihm verweigert; er müsse höheren Orts Ablaß nachsuche Das konnte oder wollte er aber nicht, sondern verlangte wiederhe Absolution, und als ihm diese wiederum verweigert wurde, so erstie er den Pfarrer im Beichtstuhl mit seinem Waidmesser. Deswege wurde das ganze Dorf Bechlin in den Bann gethan, und die Gin wohner wurden gezwungen, an ihren Grenzen selbst Wachen auszu stellen, um jeden Reisenden von dem Dorfe abzuhalten. Eine solch Wache stand auch bei der jetzt noch davon benannten Warnung an der Ruppinschen Grenze. Da kam eines Tags der regierende Graf von Ruppin gefahren und wollte vorüber, ohne die Wache zu respek tieren. Aber diese durchschnitt mit dem Knief (der aus einer alten Sense oder Sichel gemacht zu sein scheint) die Stränge am Wage und verhinderte dadurch den Grafen weiter zu fahren. Dafür belohnte der Graf die Wache und brachte es dahin, daß dem Dorfe der Bann abgenommen wurde, mit der Bedingung, den Knief als immerwähren des Wahrzeichen am Turm aufzuhängen. Wenn derselbe jemals her unterfiele, so sollte das Rittergut aus seiner auf dem (heute noch dem Namen nach vorhandenen) Weinberge befindlichen Weinpresse ein Faß Wein an die Gemeinde verabreichen.

W. Schwartz a. a. O. S. 140. 141. (II. Aufl. S. 134. 135.)

75. Der Holzdieb.

Ein Mann aus Krenzlin kam sehr früh mit gestohlenem Holze aus dem Walde, als ihm ein anderer begegnete und ihn also an redete: „Wie kommst du so früh?" Er erhielt zur Antwort: „Der liebe Gott schlief noch." Als der Dieb nach Hause kam, schlief er ein und schlief fort, ohne daß ihn jemand erwecken konnte. Endlich ließ ihn der Pfarrer zur Kirche tragen und vor dem Altare nieder

en, wo er auf kurze Zeit erwachte und sprach: „Irret euch nicht,
tt läßt sich nicht spotten!" Dann schlief er wieder ein, um nie-
als zu erwachen.

Aus Krenzlin und Klosterheide mitgeteilt durch Herrn Lehrer Sehse zu Dierberg.

---

76. Der Räuberberg bei Krenzlin.

Zwischen Bechlin und Krenzlin, aber auf bechlinschem Grund
und Boden, liegt eine unbedeutende Anhöhe, „der Räuberberg" genannt,
welcher, nach Feldmanns schon gelegentlich erwähnten schriftlichen Aufzeichnungen aus der Mitte des vorigen Jahrhunderts, auch „der Hünenwall" hieß. Von demselben geht folgende Sage:

Auf dem Berge lag, heißt es, ehedem in Gebüsch versteckt, ein
Raubschloß, welches mit der gegenwärtig steinernen Brücke des Krenz-
liner Dammes durch einen Draht in Verbindung stand. Sobald nun
ein Wagen die Brücke passierte, wurde durch diesen Draht eine Glocke
im Schlosse in Bewegung gesetzt, und auf dieses Zeichen brachen sie
aus demselben hervor und plünderten die Reisenden aus. Zuletzt
wurde es dem Grafen von Ruppin aber doch zu arg, und er drohte
dem Herrn von Fratz, — denn so hieß der Besitzer des Schlosses, —
er werde ihm seine Burg anzünden, wenn er das Unwesen nicht ließe.
Der aber lachte darüber und trieb sein Handwerk nach wie vor. Da
paßte der Graf von Ruppin einmal eine Zeit ab, wo Fratz in Ruppin
war, schickte schnell seine Leute hinaus, die mußten die Burg ersteigen
und brechen. — So erzählt man sich heut zu Tage die Geschichte.

Feldmann aber überträgt nach der Erzählung eines alten Mannes
die Sache nach Wildberg und berichtet sie in etwas anderer Weise
folgendermaßen: „Fosföhlen", sagt er, „hieß ursprünglich der Edelmann, dem das Raubschloß dort gehörte. Als ihn der Graf zu Alt-
Ruppin zu Gast hatte und vom obersten Teile des Alt-Ruppiner
Schlosses ihm sein Schloß in Brand stehend zeigte, — welches der
Graf wegen der Räubereien hatte anstecken lassen, — so sagte Fos-

föhlen: Das macht der Fratz (nämlich das Traktieren des Graf
weil er darum nicht hatte zu Hause sein können), drum will ich kün
nicht mehr Fosföhlen, sondern Fratz heißen."

So lautet der Bericht Feldmanns, und daneben giebt er da
an anderen Stellen auch die Fratz als erbgesessen auf Krenzlin a
so erwähnt er z. B. in einer Urkunde vom Jahre 1536 dort ein
Georg Fratz, und ein altes Hausbuch auf dem Amte zu Krenzl
stimmt dazu. Nach demselben hat nämlich das Gut noch in der erst
Hälfte des XVII. Jahrhunderts ein Wulf v. Fratz besessen, won
es dann in andere Hände übergegangen ist. Das erwähnte Haus
giebt auch an, daß der „Räuberberg" oder „Hagen" ursprünglich z
Krenzlin gehört und erst später an Bechlin abgetreten sei. Nach al
scheint die Sache also hier gespielt zu haben und erst dann auf da
jetzt noch so charakteristisch sich präsentierenden Wildberger Burgwa
übertragen zu sein.

W. Schwartz a. a. O. S. 142. 143. (II. Aufl. S. 135. 136.)
Vgl. auch A. Kuhn a. a. O. S. 158. 159.

77. Die verwünschte Prinzeß und der weiße Bulle auf dem Burgwall zu Wildberg.

Zahlreich sind noch die sogenannten Burgwälle im Ruppinschen.
Oft liegen sie inmitten von Wiesen, waren also offenbar früher von
Wasser umgeben. Zu einem der festesten und eigentümlichsten gehörte
der Wildberger, um den sich im Osten ein Wasser, die Temnitz ge
nannt, schlängelt, während von den anderen Seiten er durch Sumpf
unnahbar war. Zwar sind die letzten Reste der Burg schon im vorigen
Jahrhundert verschwunden, aber noch immer erhebt sich der Burgwall
zu einer ganz stattlichen Höhe zwischen Wasser und Wiesen; früher soll
sogar die ganze Strecke zwischen Wildberg und Kerzlin Wasser gewesen
sein. Achtzehn Dörfer übersieht man von ihm mit einem Blick, und
die Städte Neu = Ruppin, Wusterhausen und Fehrbellin schließen den

rizont. Bronzene und namentlich eiserne Waffen und Geräte hat man dort oft gefunden, zumal als die Brücke daselbst an der Chaussee wieder gebaut wurde. Besonders erzählen die Umwohner von Huf= eisen, welche anders geformt und größer waren, als sie jetzt bei den Pferden gebraucht werden, und fügen die Bemerkung hinzu, man habe die Eisen den Pferden verkehrt untergeschlagen, um die Verfolger zu täuschen.

Auf diesem Burgwall läßt sich nun nach einer alten Sage des Nachts zwischen 12 und 1 Uhr oft eine weiße Dame sehen, die erlöst sein will. Vor einigen 20 Jahren wurde diese Sage so erneut, daß man sogar das Datum, Tag und Stunde bestimmen wollte, wo sie habe erlöst werden können. Ein junger Mensch in Segeletz sollte dazu bestimmt gewesen sein. Diesem ist sie oft des Nachts erschienen und hat ihm gesagt, daß sie eine verwünschte Prinzeß sei, und er sei dazu geboren, sie zu erlösen. Er sollte zu der und der Zeit nach dem Burgwall kommen, dann würde er eine eiserne Thür finden, an die er dreimal schlagen solle. Dann würde sich die Thür aufthun, wie noch mehrere andere, durch die er müßte; schließlich werde er in einen großen Saal kommen, dort würde an der Wand ein Schwert hängen, dessen Griff von Gold und mit Diamanten besetzt sei; das solle er nehmen, denn sofort werde ein weißer Bulle erscheinen und auf ihn eindringen. Dem müsse er mit dem Schwerte den Kopf abschlagen, dann werde die Prinzessin in aller Pracht vor ihm stehen, und es wären noch große Schätze dort verborgen, die würde sie ihm zeigen und ihn zum Manne nehmen. Aber gethan hat es der Mann nicht; warum, das weiß man nicht.

W. Schwartz a. a. O. S. 143—145. (II. Aufl. S. 136. 137.)
Vgl. auch Ad. Kuhn a. a. O. S. 158. 159.

---

78. Der Ursprung derer von Ziethen.

Bei Wildberg, das ehemals eine Stadt gewesen sein soll, woher auch noch die Reste von Wällen um den Ort stammen und der Schulze

den Titel Richter führt, liegt hart an der Temnitz in der Wiese
Hügel, um den dieses kleine Flüßchen herum geleitet worden ist,
durch er in früherer Zeit ein bedeutend befestigter Platz gewesen sein m
Dieser Hügel heißt der Schloßberg (oder Burgwall), und es soll hier
Schloß der Grafen von Ruppin gestanden haben; in demselben wu
einer von ihnen einst von einem überlegenen feindlichen Heere bela
und wurde schon so mutlos, daß er sich ergeben wollte. Bei dem R
den er aber noch zum letzten Male hielt, war auch sein Koch zugeg
der ihm tüchtig Mut einsprach und zuredete, er solle doch noch ein
Ausfall wagen, und wenn der Graf selber nicht mitziehen könne,
wolle er die Reisigen anführen und sei überzeugt, sie würden d
Feinde besiegen. Der Graf glaubte zwar nicht an einen solchen E
folg, indes wollte er doch das Letzte noch versuchen und gab de
Koch die Erlaubnis zu dem Ausfall mit den Worten: „Zieht hen!
Da ging er mit seiner Mannschaft mutig auf den Feind, der be
Lüchfeld stand, los, und in wenigen Stunden war die Schlacht ge
wonnen, und sie kehrten triumphierend in die Burg zurück. Da schlug
der Graf von Ruppin seinen treuen Koch aus Dankbarkeit zum Ritter
und gab ihm wegen der Worte, mit denen er ihn entlassen, den Namen
Ziethen und gebot ihm, fortan als ein Zeichen seines ehemaligen
Standes einen Kesselhaken im Wappen zu führen.

Andere erzählen, der Koch habe geraten, viele Kessel mit Bre
zu kochen und diesen so heiß wie möglich den Feinden beim nächste
Sturm auf den Kopf zu schütten; der Graf habe an dem Erfolg
dieses Mittels zwar gezweifelt, aber doch endlich in den Worten „Zieht
hen" seine Zustimmung gegeben; worauf der Feind wirklich vertrieben
und der Koch mit dem Namen Ziethen in den Ritterstand erhoben sei.

Adalbert Kuhn a. a. O. S. 155. 156.

---

79. Herr v. Kahlebuh in Kampehl verwest nicht.

Einst hauste zu Kampehl bei Wusterhausen a. D. ein Herr von
Kahlebuh, von dem wird gesagt, daß er ein gar jähzorniger Mann

wesen sei. Eines Tages wollte er nach Wusterhausen reiten, da
er am Bückwitzer See, dort wo der Weg über die Schwenze
(so heißt der Abfluß des Sees nach der Dosse), einen Schäfer.
Mit diesem geriet er in Streit wegen des Weideplatzes; und als der
Schäfer sein gutes Recht behauptete, erschlug ihn der jähzornige Mann.
Schon es aber niemand gesehen hatte, so lenkte sich doch der Ver=
dacht auf ihn. Er wurde vor Gericht nach Neustadt a. D. gefordert,
leugnete aber die That und schwur, daß er nimmermehr seine Hand
gegen den Schäfer erhoben habe. Schwöre er einen falschen Eid,
dann wolle er, daß sein Leib niemals zu Staub werde und sein Geist
herumwandele ohne Ruhe bis auf den jüngsten Tag. Dieser Meineid
ist dann auch klar geworden, als er starb. Sein Leib liegt seit Jahr=
hunderten unverwest im Sarge, selbst seine Kleidung hat sich erhalten,
und ein jeder um Neustadt und Kampehl kennt die Sage, daß sein
unruhiger Geist am Orte der bösen That allnächtlich zwischen 11 und
12 Uhr umherspukt und sein Wesen am Bückwitzer See und auf der
Schwenzbrücke treibt. Viele haben zwar schon ungläubig den Kopf
geschüttelt; andere aber bleiben steif und fest dabei, daß des Kahlebutz
Geist keine Ruhe habe und daß der Spott und Hohn gegen ihn nicht
ungestraft bleibe. Fußgänger, welche die Schwenzbrücke zur genannten
Zeit passiert haben, sollen von der Last zu erzählen wissen, die sich
plötzlich auf ihre Schultern niedergeworfen hat und erst gewichen ist,
wenn sie aus dem Bereiche des bösen Geistes gekommen. Manchmal,
heißt es, haben Spötter auch noch Schlimmeres erfahren. So soll
anno 1806 während der Franzosenzeit ein französischer Soldat, ein
Deutscher aus dem Elsaß, des Kahlebutz Grab besucht und unter dem
Grausen der anderen Soldaten den versteinerten Leichnam hochgehoben,
Scheusal und Mörder geschimpft, ihn dann verkehrt in den Sarg ge=
legt und schließlich aufgefordert haben, ihn in seinem Quartier zwischen
11 und 12 Uhr zu besuchen, er erwarte ihn dort. Am andern Morgen
fand man den Elsässer, der beim Schulzen in Quartier lag, angezogen
auf seinem Lager tot. Dem bösen Spötter war das Genick umgedreht,
ein Blutstrom hatte sich aus Nase und Mund ergossen. Die Fran=
zosen machten zwar Lärm und behaupteten, er wäre ermordet; aber
das Gericht stellte fest, daß Thür und Fenster wohl verschlossen ge=
wesen und niemand von außen hatte hineinkommen können.

Das ist nun freilich schon lange her; aber der Leichnam Herrn von Kahlebutz liegt noch immer unverwest da, ja einige haupten, Haare und Nägel wüchsen ihm noch immerfort nach; er eben in Ewigkeit verwünscht.

W. Schwartz a. a. O. (1. Aufl. S. 145—147) II. Aufl. S. 137—138.

Anderweitig wird noch berichtet*), daß, wenn ein Wagen in Geisterstunde auf die Schwenzbrücke kam, sich der Kahlebutz dann legte und sich so schwer machte, daß die Pferde kaum fortkomm konnten. Auch auf dem bei der Kirche gelegenen Kirchhofe solle sich öfters haben sehen lassen.

Einer mündlichen Mitteilung verdanke ich noch folgende Geschichte:

Einst glaubte ein Knecht mit der Leiche des Kahlebutz ungestraft seinen Scherz treiben zu dürfen, indem er den Bart desselben tüchtig zauste. Obwohl er von den anderen, die zugegen waren, gewarnt wurde, so fuhr er doch in seinem Treiben fort. „Was kann er mir denn thun?" meinte er. Nun, das sollte sich bald zeigen. Als er eines Abends spät nach Wusterhausen geschickt wurde, mußte er an der Stelle vorbei, an welcher der Alte umzugehen pflegt. Plötzlich hockt ihm etwas auf, das er vergebens abzuschütteln sucht. Es ist der Kahlebutz, den der Knecht so lange mit schleppen muß, bis er tot zu Boden sinkt.

---

*) Der „Kahlbutz" in Kampehl bei Neustadt a. D. Zusammengestellt von L. Schaumann, Lehrer und Küster daselbst. Fünftes Tausend. Wusterhausen a. D. Druck von Robert Mertens 1881. 8°. 8 S. — Die kleine Schrift führt den Nachweis, daß die Sage sich auf eine historische Thatsache gründet. Darnach wurde der Cornet Christian Friedrich von Kahlbutz im Jahre 1685 angeklagt, weil er den Schäfer Picker in Bückwitz getötet. Von dem Verdachte der Thäterschaft reinigte er sich durch einen Eid. Die Prozeß-Akten darüber waren im Jahre 1865 noch vorhanden, sind aber jetzt eingestampft. Nach dem Kampehler Kirchenbuche starb C. F. v. Kahlbutz am 3. Nov. 1702 in einem Alter von 51 Jahren und 8 Monaten. In dem Hemde der Mumie sind noch heutzutage die Zeichen C. F., die offenbar Christian Friedrich bedeuten sollen, deutlich erkennbar.

80. Die Binderin und der Teufel.

Einst band ein Mädchen auf dem Felde Hafer. Da trat plötzlich ein Mann zu ihr, der erbot sich, ihr zu helfen, wenn sie ihm dasjenige geben wolle, was sie am nächsten Tage zuerst einbinden würde. Das Mädchen sagte zu, und dem Manne ging die Arbeit so flink von statten, daß es heute weit früher als sonst nach Hause kam. Als die Mutter nach der Ursache fragt, erzählt es ganz harmlos den Vorfall. Die Mutter aber gerät in große Angst und macht die Tochter darauf aufmerksam, daß das erste, was sie des Morgens einbinde, sie selbst sei, wenn sie sich den Rock zubinde, und überredet sie, daß sie am andern Morgen im Hemde ein Bund Stroh einbinde. Aber kaum war dies geschehen, so wurde das Bund auch sofort in die Luft entführt und in tausend Fetzen zerrissen, ohne daß man jemand sah. Mutter und Tochter freilich wußten jetzt gar wohl, wer am vorigen Tage so freundlich seine Hilfe angeboten hatte.

Mitgeteilt durch Herrn Lehrer Schaumann zu Kampehl.

81. Die Gänse im Weizen.

Die Gänse eines Bauern standen an einem Weizenacker und warfen lüsterne Blicke auf die vollen Ähren. Sie schnatterten hin und schnatterten her, was hier zu thun das Beste wär'. Endlich gab der Gänserich den Ausschlag und rief: „Fief un fief ên Ähr!" Flugs krochen sie durch den Zaun, und die erste Ähre war im nu verzehrt. Damit war der Appetit geweckt und kurz entschlossen rief der Gänsechor: „Ên jêder plückt för sick, ên jêder plückt för sick!" Da erschien plötzlich der Feldhüter. Der Gänserich rief: „Kallîn, Kallîn!", antwortet die Gänsemutter: „Herr Gott, Herr Gott, Herr Gott, Herr Gott!" und sie flog davon. Die Gösseln aber liefen ängstlich hin und her und schrieen: „Wô bliew ick? bliew ick?"

Aus Neustadt und Umgegend mitgeteilt durch Herrn Lehrer Sehse zu Dierberg.

82. Die Gänse am Biereimer.

Eine arme Frau hatte nach ortsüblicher Weise ihren Anteil Bier aus den Bauernhäusern geholt. Auf dem Dorfanger traf sie eine Freundin, mit welcher sie einen Schnack (Gespräch) anknüpfte. Sie setzte ihren Biereimer hinter sich und war bald so eifrig in der Unterhaltung, daß sie nicht bemerkte, wie eine Schar Gänse sich dem Eimer näherte und behaglich in dem Gebräu schnatterte. Das sah eine Krähe, welche auf einem Baume saß. Sie rief den Gänsen zu: „Is ôk wol nich stark, stark?" Die Gänsemutter antwortete: „Is doch bäter as Wâter! is doch bäter as Wâter!" Der Gänserich rief: „Olt lüderlich Tueg! olt lüderlich Tueg!" Die Küken reckten schmunzelnd die Hälse und zwitscherten: „Wenn man viel von harn! wenn man viel von harn!"

Aus Neustadt und Umgegend mitgeteilt durch ebendenselben.

83. Das alte Dorf Dreetz.

Das Dorf Dreetz soll, wie die Alten immer erzählen, ehemals in der Gegend des Vorwerks Lüttken-Dreetz am Dreetzer See gelegen haben, und man hat dort mehrmals alte Urnen, auch einmal eine eiserne, sowie Streitäxte von Feuerstein ausgepflügt.

A. Kuhn a. a. O. S. 147.

84. Segers Wische.

Auf dem Wege vom Dorfe Dreetz zu dem in der Heide an der Hamburger Chaussee gelegenen Kruge, den die Fuhrleute unter dem Namen der lahmen Ente kennen*), liegt in dem Fichtenwalde mitten in dünenartigen Sandbergen eine ziemlich große Wiese, die den Namen „Segers Wische" führt. Hier hat vor uralter Zeit ein Riese, namens Seger, gewohnt, dem die Wiese gehörte; diese hat er, wenn die Zeit der Heumahd kam, mit neun Schwad abgemäht, aber er hat auch zwischen jedem Schwad eine Tonne Bier ausgetrunken, denn es mag wohl keine ganz leichte Arbeit gewesen sein. Vor mehreren Jahren war nicht weit von diesem Orte noch sein Grab sichtbar, aber jetzt weiß es keiner mehr zu finden; zu erzählen weiß jedoch noch mancher von Segers Wische und Segers Grab; denn es soll dort auch ein Schatz verborgen liegen, den ein Paar Dreetzer Tagelöhner einst heben wollten. Es war Mitternacht, und sie legten an der Stelle, wo sie graben wollten, einen großen Kreis von neunerlei Kräutern, worauf sie ihre Arbeit begannen; aber noch nicht lange waren sie dabei, so kam eine ganz schwarze Kutsche daher gefahren, vor die Feuer speiende Rosse gespannt waren. Aus derselben stiegen drei schwarze Gestalten, die in den Wald gingen und bald darauf mit gewaltigen Bäumen zurückkamen, aus denen sie einen hohen Galgen zimmerten. Als der fertig war, stiegen sie herunter und kamen gerade auf die Schatz=gräber los, sagend: „Nun wollen wir sie nur gleich aufhängen!" Aber kaum hatten die beiden das gehört, als sie eilig die Flucht er=griffen und ihren Schatz im Stich ließen.

A. Kuhn u. s. O. S. 147. 148.

---

*) „Die lahme Ente" ist, wie ich höre, schon vor mehr als 10 Jahren ein=gegangen, die Gebäude niedergerissen und die Baustelle mit Waldbäumen bepflanzt. Der Ort hat bis heute den alten Namen behalten.   Anm. d. Herausg.

---

85. Glockensage aus Sieversdorf.

Nach G. W. Schinkels Geschichte von Sieversdorf (Neu=Ruppin
In Kommiffion bei Rud. Petrenz 1875) war Gülitz schon 1491 wüst
das heutige Gülitz, früher Schnakenwinkel und Lothstege, ist 1774 a
der wüsten Feldmark Gülitz durch Friedrich den Großen angeleg
Doch hat sich in Sieversdorf eine Sage erhalten, nach welcher Gült
erst durch den dreißigjährigen Krieg zerstört worden ist. Der Prediger
Hermanni II. (von 1794—1844) in Sieversdorf hat darüber nach
Schinkel S. 62. 63 folgendes niedergeschrieben:

„Die ältesten Männer erzählen, daß vor dem dreißigjährigen
Kriege Sieversdorf aus zwei Dörfern, Klein=Sieversdorf und Groß=
Gülitz, bestanden habe. Groß=Gülitz stand auf den Bergen, welche
zwischen dem jetzigen Brenkenhoff und Klein=Derschau liegen. Zur
Zeit des dreißigjährigen Krieges vergruben die Groß=Gülitzer ihre
Glocken zwischen ihrem Ort und Rhinow aus Furcht, die Österreicher
würden sie ihnen nehmen, weil viel Silber darin enthalten war. Die
Rhinower erfuhren dies etwa 10 Jahre nachher und gruben die Glocken
zur Nachtzeit heraus. Die Gülitzer forderten ihr Eigentum zurück;
es kam zum Prozeß und die hohe Behörde entschied, es sollten zwei
von Rhinow und zwei von Gülitz zu einer und derselben Stunde und
Minute abgehen, und wer zuerst an die Stelle käme, wo die Glocken
vergraben gewesen waren, dem sollten sie gehören. Die Rhinower
waren listig; sie bestellten unterwegs einige, die den Gülitzern be=
gegnen mußten. Sie hielten denselben ein Maß Brantwein entgegen,
hielten sie damit auf, machten sie betrunken, und die Rhinower Wett=
läufer kamen zuerst an den bestimmten Ort. Sie behielten die Glocken,
und es sollen dieselben sein, welche sie noch haben.“

86. Christus lehrt „böten."

Aus den Akten des Sieversdorfer Hexenprozesses teilt B. W. Schinkel in seiner Geschichte von Sieversdorf S. 46. 47 folgende Legende mit:

„Unser Herr Christus, als er auf Erden gewesen, habe geherbergt bei einer guten Frau, deren Mann böse gewesen. Die Frau habe aber den Herrn nicht herbergen dürfen, sondern habe ihn ins Vorder= haus verweisen müssen. Da habe sie Christo ein Mollenschart samt einem Bohnenschof untergelegt, und ein Paltenstück von der Schürze habe sie ihm übergedeckt. Wie nun unser Herr Christus weggegangen, habe er die Frau zu sich gerufen und gesagt, sie solle herkommen, er wolle ihr etwas anvertrauen, und dies sei ein Mittel gegen die Würmer gewesen, nämlich: Ein Paltenstück, ein Bohnenschof, ein Mollenschart und ein gutwillig Weib, damit böte ich dem Pferd die Würmer aus dem Leib, im Namen Gottes des Vaters und des Sohnes und des heiligen Geistes."

87. Der Stegeknopmüller.

Nach dem Tode des Markgrafen Waldemar († 1319) brach für die Mark Brandenburg eine gar trübe Zeit an. Überall herrschten Unordnung und Willkür, und ein jeder mochte zusehen, wie er sich selbst Recht verschaffte. Wie den einzelnen, so erging es auch den Städten. Aus dieser schweren Zeit hat uns die Sage aus Wuster= hausen an der Dosse noch eine Geschichte aufbewahrt, welche zeigt, wie die Bürger der Stadt ihr Recht zu wahren verstanden.

In den Wiesengründen von Bantikow und Trieplatz oberhalb der Stadt Wusterhausen lag damals eine Wassermühle, die mit Tornow, Trammitz und Rägelin dem reichen Kloster Dünamünde bei

Riga gehörte und von der Meierei Dünamünde bei Netzeband verwaltet wurde. In der Nähe dieser Wassermühle, die „Gnop" od wie es heute gesprochen wird, „Knop" hieß, führte der einzige S in der ganzen Umgegend über die Dosse, weshalb wohl später Bezeichnung „Stegeknop" entstand. Knop an sich bedeutet nur ein runden Hügel, wie es deren mehrere an den Ufern der Dosse gie — Der Müller, den die Mönche auf die Mühle gesetzt hatten, w ein Schalk. Sobald er merkte, daß die Wusterhausener in ihr Vierrademühle Malz zum Bierbrauen schroteten, setzte er die Schüt ein und hielt das Wasser zurück, so daß das Wasser in der Müh zu Wusterhausen ablief, und man nicht weiter mahlen konnte. Bal kamen die Wusterhausener hinter des Müllers Schliche und bedrohten ihn mit Strafe. Der aber dünkte sich sicher im Schutze des mäch tigen Abtes von Dünamünde und trieb seinen Scherz weiter. Di Wusterhausener aber zogen mit Hacken und Äxten Dosse aufwärts und machten das Mühlenwerk dem Erdboden gleich bis auf die Stümpfe des Gerinnes, die noch heute im Bette der Dosse steden. Den Müller aber ließen sie Urfehde schwören und siedelten ihn außer- halb der Stadtmauer Wusterhausens am Ausflusse des Rohrteichs an, da wo noch heute die Zweirademühle steht; denn hier konnte er den Bürgern keinen Schabernack mehr spielen. Aber zwischen dem Vier- rademüller und dem Zweirademüller ist es im Verlaufe der Jahr- hunderte niemals zur Freundschaft gekommen. — Die That der Bürger blieb ungerächt, denn der Abt von Dünamünde wohnte weit und der Kaiser nicht minder.

Mitgeteilt durch Herrn Amtsgerichtssekretär Altrichter zu Wusterhausen a. d. Doße.

88. Der Kornregen.

Als im Jahre 1580 die Teurung über das ganze Land so groß war, daß viele Leute vor Hunger verschmachteten, viele in den Feldern und Wäldern Wurzeln suchten, und diese roh und gekocht aßen, um

den Hunger zu stillen, da fiel um Palmarum in der Gegend von
...berg, Plänitz, Kyritz, Wusterhausen, Perleberg Korn von oben
..., so dick, daß die Leute es aufraffen, mahlen, backen konnten,
... auch von den hungrigen Leuten mit Freuden geschah. Es sah
... dieses Korn aus wie gedörrtes Malz, hatte blaue und gelbe,
... rote Streifen und gab ein schönes, wohlschmeckendes Brot für
...schen; merkwürdiger Weise aber mochte es kein Tier, kein Huhn,
... Taube, kein anderer Vogel weder anriechen noch davon fressen.

Kampe a. a. O. §. 151.

89. Toter Bauer pflügt.

Vor alten Zeiten lebte im Dorfe Storbeck ein Bauer, der den
Buß- und Bettag nicht als Festtag anerkennen wollte und deshalb
an diesem Tage wie an einem Werktage mit seinen Ochsen den Acker
bestellte. Die vielen Festtage seien nur für die Faulenzer, ein fleißiger
Bauersmann könne sich durch überflüssige Feiertage nicht zu oft in
seiner Arbeit unterbrechen lassen, solche und andere spöttelnde Redens-
arten führte der Bauer häufig und scheute sich nicht, den Bußtag zu
entheiligen. Dafür hat ihn der liebe Gott denn auch nach seinem
Tode im Grabe keine Ruhe finden lassen; denn, so erzählen ältere
Einwohner des Dorfes, jeden Bußtag-Morgen hat dieser Bauer un-
sichtbar mit seinen Ochsen auf dem Felde gepflügt, so daß die Leute
deutlich sein bekanntes „Hüh und Hott" vernahmen.

Um sich zu überzeugen, ob auch wirklich einer pflüge, so erzählte
ein alter Mann, sei er, nachdem er das Hüh und Hott deutlich gehört, hinten aus seinem Gehöft hinausgegangen; wie er aber ungefähr hundert Schritte davon entfernt gewesen sei, da sei ihm ein
Grausen angekommen, und die Haare hätten ihm auf dem Kopfe zu
Berge gestanden, daher sei er eiligst wieder nach Hause zurückgekehrt.

Aus Heydemanns handschr. Sammlungen (im Besitz der Pfarrkirchenbibliothek).

90. Die Riesenschlacht bei Netzeband.

Südwestlich vom Dorfe Netzeband, zwischen diesem und dem Vorwerk Bertikow, ¾ Meile vom Dorfe Walsleben, liegen zwei alte Hünenwälle, von denen der bei letztgenanntem Ort gelegene ein Ring wall von 150 Schritt Durchmesser und einer Höhe von etwa 15 Fuß ist; er liegt wie der bei Netzeband unweit des kleinen Flüßchen Temnitz und in dem von diesem und der eine Meile entfernten Dosse gebildeten Bruche. Der Netzebandsche besteht aus einer dreifachen Umwallung mit tiefem Graben, und links und rechts von derselben ziehen sich noch andere niedrigere Wälle dahin, sowie auch noch näher dem Dorfe zu ein dritter Hünenwall, der sogenannte alte, sich findet, der ganz viereckig ist, an der Temnitz liegt und mit dem andern Ufer ehemals durch eine Zugbrücke verbunden gewesen sein soll, von der man noch Spuren haben will. In den erstgenannten beiden Wällen haben nun, wie man sagt, vor uralter Zeit einmal Riesen gewohnt, die mit einander in einen harten Kampf gerieten und sich mit den großen Feldsteinen warfen, die ehemals beim Netzebandschen Wall lagen, seitdem er aber beackert wird, fortgebracht sind. Die Bertikowschen haben zuletzt die Netzebandschen besiegt und vernichtet, und diese liegen unweit des Walles in den drei langen und berasten Hünenbetten, andere aber auch am Saum des wenige Schritte entfernten Fichtenwaldes in den runden Grabhügeln, in denen man schon einmal einen goldenen Armring gefunden hat. Die Riesen von Bertikow haben aber auch viele Toten gehabt und diese liegen dort begraben in dem Hügel, welcher dicht bei Bertikow an der Temnitz liegt, wo man auch schon alte Schwerter und andere Waffen gefunden. Einige sagen zwar, dieser Hügel sei dadurch entstanden, daß einem Hünenmädchen, welches einst die Temnitz zudämmen wollte und zu diesem Zweck Erde in ihrer Schürze herbeitrug, das Band derselben gerissen und die Erde niedergestürzt sei, andere aber bestreiten es und sagen, dort lägen die Hünen begraben.

Ad. Kuhn u. a. O. S. 156—158.

91. Der wilde Jäger im Frankendorfer Revier.

In milden Frühlingsnächten hört man zuweilen Rufe, welche mit dem Gekläff der Hunde und dem Geschrei großer und kleiner Eulen Ähnlichkeit haben. Man vernimmt sie in verschiedenen Tönen, bald gedehnt, bald kurz abgestoßen. Durch die Luft aber fährt ein rauschender, langer Zug, in welchem feurige Augen sichtbar sind. Das ist der Höllen- oder wilde Jäger, welcher bei seinen Jagdzügen auf Erden große Frevelthaten ausgeführt hat und darum verdammt ist, ewig in den Lüften zu jagen.

Mitgeteilt durch Herrn Lehrer Fehse zu Dierberg.

92. Der Spökberg.

In der Mitte zwischen Rägelin und Frankendorf führt der Weg über eine Anhöhe, die im Munde des Volkes allgemein „der Spökberg" heißt. Einst passierte auch ein Mann aus Frankendorf gegen Mitternacht diesen Weg, da plötzlich hockt es ihm hinten auf und läßt sich fast bis nach Frankendorf mitschleppen. Hier giebt die Gestalt, die auf das Haar einem Schornsteinfeger glich, dem Manne noch zum Andenken ein paar tüchtige Ohrfeigen und ist unter Kichern ebenso plötzlich verschwunden, wie sie erschienen. — Daß es aber hier nimmer geheuer ist, davon kann ich — so erzählt eine alte Frau aus Frankendorf — eine Geschichte aus meinem eigenen Leben erzählen. Einst war ich nach der Stadt gegangen, und da ich erst spät abends zurückkehrte, kam mir mein Mann über den Spökberg entgegen. Während er so an der Seite des Weges dahingeht, läuft es plötzlich vor ihm her wie ein großes Kalb. Schon will er den Stock unter dem Arme hervornehmen und danach schlagen, doch — „Wer weiß, wie es dir bekommt!" — denkt er und besinnt sich eines Besseren. Ein gewisses

ängstliches Gefühl, das ihn wegen der wunderbaren Erscheinung er
greift, treibt ihn auf die Mitte des Weges. Hier holt er sein Feuer
zeug aus der Tasche, um sich die Pfeife wieder in Brand zu stecken
und wie er Feuer zu schlagen beginnt, ist das Kalb verschwunden
Als mich mein Mann traf, erklärte er, nicht wieder über den Spök
berg zurückgehen zu wollen. Deshalb schlugen wir den grünen Weg
ein. Die Geschichte ist gewiß und wahrhaftig wahr, Sie mögen sie
nun glauben oder nicht.

Mündlich aus Frankendorf.

B. Von der Mecklenburger Grenze.

93. Der Segen des Pfarrers.

Vor Zeiten lebte in dem Dorfe Blumenow ein Pfarrer, der die
Gewohnheit hatte, am Abend eines jeden Sonntages nach dem nahe
gelegenen Gramzow zu fahren, um sich dort am Kartentische zu erfreuen. Wer von Blumenow nach Gramzow will, muß unterwegs
eine Brücke passieren, welche mitten im dichten, düsteren Walde liegt.
Von ihr hieß es schon lange, daß es daselbst nicht recht geheuer sei.
Auch der Kutscher des Pfarrers hatte schon öfter zwei Spukgestalten
in der Nähe der Brücke bemerkt, und auch den Pferden mußten sie
nicht entgangen sein, denn sie waren immer scheu geworden, so daß
der Kutscher sie kaum hatte halten können. Sein Herr, der hinter
ihm unter dem Verdecke der Glaskutsche saß, hatte nie etwas von alle
dem wahrgenommen. Als der Kutscher nun eines Nachts den schon oft
erlebten Vorgang wieder durchgemacht hatte, erklärte er seinem Herrn
entschieden, er würde ihn nie mehr den verrufenen Weg fahren, und

erzählte ihm alles, was er wiederholt dort an der Brücke gesehen. Der Pfarrer suchte ihn zu ermutigen und erklärte ihm, sobald sich der Spuk an der Brücke von neuem zeige, solle er ihn nur darauf aufmerksam machen, die Pferde würden dann schon von selbst stille stehen. Auf der nächsten Fahrt wiederholte sich die alte Geschichte. Der Kutscher unterließ es diesmal nicht, seinem Herrn sofort einen Wink zu geben. Der Wagen hielt. Der Pastor öffnete das Fenster desselben, schlug mit der Hand ein Zeichen, als wollte er seiner Gemeinde den Segen erteilen, und schloß darauf das Fenster. Von da ab waren die Pferde ruhig, und der Pfarrer und sein Kutscher erreichten glücklich und ungestört das Ziel ihrer Reise. Dort erzählte der erstere, daß der Spuk ein verlobtes Brautpaar gewesen, das vom Schicksal dazu bestimmt gewesen sei, sich lebenslang innig zu lieben, aber nie das Fest der Hochzeit begehen zu dürfen; aus Gram und Kummer hierüber seien beide gestorben und hätten nicht eher Ruhe finden können, bis sie endlich den Hochzeitssegen eines Geistlichen empfangen hätten. In Zukunft würde der Spuk an der Brücke nicht mehr erscheinen.

Mitgeteilt durch Herrn Gutsbesitzer Schall zu Neu-Roosen.

94. Das Mittenbruch.

Die Straße von Fürstenberg nach der Steinhavelmühle, nahe der mecklenburgischen Oberförsterei Steinförde, führt mitten im Walde an einem kleinen Bruche vorüber, die Leute nennen es das Mittenbruch. Hier, heißt es, ist spät am Abend, namentlich bei trübem, stürmischem Wetter, die Jagd des wilden Heeres vernehmbar. Schon viele wollen an diesem Bruche das Gekeuche der Rosse, das Gekleff der Hunde, das Klirren der Sporen, das Zügelgeknirsch und das Knallen der Peitschen hoch über sich in den Lüften gehört haben. — Andere sollen hier abends in ihrer Fahrt unterbrochen worden sein, da die Pferde lange an den Ort wie gebannt schienen und trotz der erdenklichsten

Anstalten, die getroffen wurden, nicht von der Stelle zu treiben waren — Holzkarrer sollen mehrfach am Mittenbruche trotz der größten Anstrengung ihre Karren keinen Schritt vorwärts zu schieben und dieselben erst während der Helle des anderen Tages heimzuholen vermocht haben.

Mitgeteilt durch ebendenselben.

C. Das Ländchen Bellin.

95. Der wandelnde Maulbeerbaum.

An der Straße von Fehrbellin nach Lenzke stand ehedem ein Maulbeerbaum, der Blätter und Rinde und zum Teil auch die Äste verloren hatte, ohne jedoch zu vermodern; jetzt freilich ist er entfernt. Wenn man denselben aus der Ferne nun so kahl zum Himmel aufragen sah, so glich seine Gestalt fast der eines Menschen, der seine Hände flehend zum Himmel emporstreckt. Hier, heißt es, wurde einst ein Handwerksbursche ermordet und unter dem Baume verscharrt. Seit dieser Zeit konnte man nun bemerken, wie sich der Baum in der Nacht um 12 Uhr von seinem Platze bewegte, quer über den Weg wandelte und auf dem angrenzenden Acker niedersank; endlich erhob er sich wieder, um unter lautem Seufzen auf seinen alten Platz zurückzuwanken, wobei man einen unverständlichen Fluch vernehmen konnte.

Mündlich aus Fehrbellin.

96. Der schwedische Oberst Rosenberg.

Hinter Feldberg führt von Fehrbellin her ein Fußsteig, welcher unter den Scheunen in den Lenzker Weg einmündet. Hier begann chedem ein langgestreckter Hügel, der den Namen Rosenberg führte. Nach einigen war es eine Schwedenschanze, nach andern der Grab= hügel eines schwedischen Oberst, mit Namen Rosenberg. Diesen hatte, wie man erzählt, der schwedische General nach der Schlacht bei Fehr= bellin zurückgelassen, damit er mit seiner Schwadron den Rückzug decke. Der aber hatte vor den Brandenburgern solche Angst bekommen, daß er für die Nacht einen Überfall fürchtete. Wie nun die Nacht herein= brach, ließ er plötzlich satteln und floh in das Luch hinein — und seine Schwadron mit ihm. Doch der General wurde seiner wieder habhaft, ließ ihn niederschießen und verfluchte ihn mit den Worten: „Ewig sollst du, Hund, fliehen, bis dich die Hölle kriegt."

Seit jener Zeit nun erhob sich plötzlich, wenn des Nachts der Wind heulte, aus dem Hügel ein großer, bärtiger Schwedenoffizier auf einem Schecken mit feuersprühenden Nüstern. Die Gestalt wendete sich zum Rhin, das Roß begann mit den Hufen Funken zu schlagen, und sausend stürzten Roß und Reiter in den Fluß. Wenn sie auf dem anderen Ufer wieder zum Vorschein kamen, folgte ihnen unter lautem Lärm eine ganze Schwadron Reiter. Der Ritt ging weit in das Luch hinein, wo die ganze Schar plötzlich in einem großen, mit vielen Türmen geschmückten Gebäude verschwand. Aus dem Innern desselben heraus aber vernahm man Ächzen und Stöhnen und da= zwischen den Ruf: „Hilfe, Hilfe! ich verbrenne!" Mit dem Glocken= schlage eins war alles verschwunden, und nur auf dem Hügel konnte man am andern Morgen noch die übermäßig großen Hufabdrücke eines Pferdes sehen.

Seitdem der Hügel eingeebnet ist, scheint der Oberst Ruhe ge= funden zu haben.

Ebendaher.

97. Wie Zieten dem Könige grollte.

Da der alte Zieten die lange Friedenszeit gar nicht gut ver
tragen konnte, verfiel er auf „lauter dumme Witze", so daß ihn de
König schließlich fortjagen mußte. Grollend zog sich der Alte auf sei
Gut Wustrau zurück. Als nun aber der Krieg mit Österreich auf
neue ausbrach, merkte der alte Fritz, daß er den alten Haudege
doch wohl noch einmal gebrauchen könne, und schickte schleunigst eine
Adjutanten zu ihm mit der Aufforderung, wieder in seine frühere
Stellung zurückzukehren. Zieten aber entgegnete: „Nein, der König
hat mich einmal fortgejagt; ich komme nicht wieder." Auch ein zweiter
Adjutant, den der König abschickt, richtet bei dem alten General nichts
aus. „Da werde ich wohl selbst nach Wustrau müssen," meint endlich
Friedrich, macht sich auf den Weg und erscheint plötzlich im Schlosse
zu Wustrau. „Zieten, er muß kommen, ich gebrauche ihn!" ruft er
bei seinem Eintritte dem alten Waffengefährten entgegen, und Zieten
— wie er den König sieht, hat er allen Groll vergessen. „Ja, wenn
mich Majestät so sehr gebrauchen, muß ich schon wiederkommen," erklärt er seinem Könige, läßt sofort die Pferde satteln, und vorwärts
geht's mit dem Könige nach Berlin und von da in den Krieg.

Mündlich aus Brunne.

98. Wie man sich die Sage von Lippold von Bredow in Brunne erzählt.

In Friesack lebte einst ein Edelmann, Lippold von Bredow geheißen. Der sprach einst den Wunsch aus: „Wollte mir nur einer
einen Scheffel Geld bringen; ich würde wer weiß was darum thun.
Da kommt ein kleiner, roter Mann zu ihm — und das war der
Teufel — und spricht: „Deinen Wunsch will ich dir schon erfüllen,
wenn du nach 10 Jahren mein Eigentum sein willst." Lippold sagt ja.

er nimmt aber den Scheffel, schlägt ihm den Boden aus und stellt ihn auf den Schornstein. Der Teufel trägt Sack um Sack herbei, aber der Scheffel will nicht voll werden. Da meint er:

> Nippel, Nappel, Nepel,
> Du hast en großen Schepel.

Schließlich aber gelingt es ihm doch, den Scheffel bis an den Rand zu füllen.

Dafür, daß Nippel nun seine Seele dem Teufel verschworen hat, muß dieser ihm stets zu willen sein. Will Nippel verreisen, so muß der Teufel anspannen. Einst fahren sie zusammen nach Berlin. Als sie nun über Spandau sind, denn die Reise geht immer durch die Lüfte, stößt der Wagen gegen die Turmspitze und zerbricht ein Rad. Da ruft Nippel dem Teufel zu: „Nun heraus und spiele Rad!" Der Teufel aber sagt: „Jetzt muß ich dir noch dienen; aber warte nur, später kommst du mit dem Dienen an die Reihe!" Nippel aber lacht und denkt: „Du sollst mich schon nicht kriegen!" Schließlich aber hat er ihn doch gekriegt; und das ging so zu.

Als der Tag herankommt, wo der Teufel Nippeln abholen will, stellt dieser ein großes Gastmahl an und ladet alle seine Freunde und Bekannten dazu ein. Wie sie nun beim Essen sind, fällt einem der Gäste die Gabel unter den Tisch. Als er sie aufheben will, sieht er einen mit einem Pferde- und einem Hühnerfuß dasitzen und erkennt voller Schrecken den Teufel. Da will er sogleich das Lied: „Eine feste Burg ist unser Gott" anstimmen; aber kaum hat er begonnen, so springt der Teufel von seinem Platze auf, faßt Nippel beim Kragen und geht mit ihm zum Fenster hinaus.

Ebendaher.

---

99. Dietrich von Quitzow und der Junker von Stechow.

Einst hatte Dietrich von Quitzow einen alten Ritter gefangen und barfuß in den Gefängnisturm gesetzt, damit er ihm bei dem strengen Winter um so weniger entlaufen könne. Da war aber auch ein Junker von Stechow, dessen Vater der Gefangene sehr viel Gutes erwiesen hatte. Dieser beschloß, seines Vaters Wohlthäter aus Dankbarkeit zu befreien. Da aber alle Versuche fehlschlagen, greift er endlich zum äußersten. — Eines Tages meldet sich ein junger Mensch, der kaum dem Knabenalter entwachsen ist, auf der Burg des alten Quitzow und bittet, dort als Bedienter angestellt zu werden. Da der wohl gestaltete Jüngling sich recht anstellig zu benehmen weiß, willigt der Burgherr ein, ihn zu behalten.

Bald ist der Junker der Liebling aller Burgbewohner, und selbst der alte, grimme Gefängniswärter hat den frischen, immer frohen und dienstbereiten Jungen so sehr in sein Herz eingeschlossen, daß, als er einst notwendig verreisen muß, er keinem andern die Sorge für den Gefangenen anvertrauen mag, als unserem Junker. Auf eine solche Gelegenheit aber hat dieser eben nur gewartet, um die Befreiung des Gefangenen sogleich ins Werk zu setzen. Als des Abends alles in der Burg in ruhigem Schlafe liegt, schleicht sich der Jüngling leise nach dem Gefängnisse, öffnet das Schloß und winkt dem Ritter, ihm zu folgen. Ohne alles Geräusch freilich ist es nicht abgegangen; doch da man glaubte, daß es im alten Gefängnisturme spuke, denkt der Wächter, der das Geräusch wohl vernommen hat, daß es heute einmal wieder da drüben umgehe. Glücklich entkommt der Junker mit dem Ritter durch ein Seitenpförtchen, zu dem er sich den Schlüssel zu verschaffen gewußt hat, aus der Burg in das Freie. Doch o weh! die Pferde, die er mit einigen Dienern in die Nähe der Burg bestellt hat, sind ausgeblieben oder halten an falscher Stelle. Rüstig wandern beide weiter über Schnee und Eis. Schon graut der Morgen, nur noch ein Fluß, er ist mit einer festen Eisdecke versehen, trennt sie von den längst erwarteten Pferden; da beginnt der Alte, der bis jetzt trotz Mangels an Schuhen und Strümpfen wacker ausgehalten, zu ermatten, und ehe sie das ersehnte Ziel erreicht haben, sind die Quitzower, die bald die Flucht bemerkt haben, mit ihren flinken Pferden zur Stelle, und der Ritter muß aufs neue in seinen Turm wandern. Nur dem Junker gelingt es, mit knapper Mühe und Not zu entrinnen.

Nach diesem mißlungenen Rettungsversuche kehrt der Junker auf die Schule, die er vor dem Dienste bei Dietrich von Quitzow besuchte,

zurück, immer auf neue Pläne zur Befreiung des Gefangenen sinnend.
— Eines Tages mußten die Schüler bei einem Begräbnisse auf dem
Gottesacker singen, wie das regelmäßig in solchen Fällen geschah.
Auch der Junker von Stechow ist unter ihnen; andächtig kniet er am
Grabe, das Haupt tief gesenkt; denn er hat unter den Leidtragenden
seinen ehemaligen Herrn erkannt und weiß, daß dieser keinen Spaß
versteht. Aber seine Vorsicht ist vergeblich gewesen. Nach beendeter
Feier schwingt sich Dietrich schnell mit seinen Knappen zu Roß, drängt
sich an die Schüler heran und zieht den Junker, ehe er sich's versieht,
aus ihrer Reihe zu sich auf sein Pferd.

Während alles noch über den seltsamen Auftritt staunt, eilt der
alte Quitzow mit seiner Beute unbehindert seiner Burg zu. Hier
herrscht er den Junker an: „Warum hast du den Alten da oben
retten wollen?" Der Junker erwidert: „Aus Dankbarkeit; denn der
alte Ritter, dem du die Freiheit geraubt, hat meinem Vater einst sehr
viel Gutes erwiesen. Wären die Pferde auf der rechten Stelle gewesen, so hätten uns die Deinen sicher nicht eingeholt. Und wäre
ich ein Mann, dann würde ich dem Ritter von Quitzow mit dem
Schwerte in der Faust gegenübertreten." Der Ritter runzelt seine
Stirn und ruft: „Du redest da ziemlich dreist, mein Bürschchen! —
Aber bei alledem gefällst du mir," fügt er bald besänftigt hinzu,
indem er den Jüngling von Kopf bis zu Fuß mustert; „willst du
nicht mein Knappe werden?" Der Junker willigt nach kurzem Bedenken ein, erklärt aber zugleich, daß, wenn es ihm möglich sei, er
den Gefangenen doch befreien werde. Da gab Quitzow, gerührt von
der Liebe und Treue des Junkers, den Ritter frei. Der Junker aber
blieb bei ihm, bis er, zum Ritter herangewachsen, seine eigene Burg
übernehmen konnte, aber auch noch später hat er manchmal tapfer an
der Seite des alten Quitzow gekämpft.

Ebendaher.

100. Vater Dankow.

Im Brunner Zootzen hütete ein alter Kuhhirt, Vater Dankow geheißen, seine Herde; Tag und Nacht weilte er inmitten seiner Pflege-befohlenen; denn anstatt daß er am Abende nach dem Dorfe zurück-kehrte, schlief er draußen in der Hütte, die er sich mit eigener Hand auf der Koppel gebaut hatte. Eines Abends, als sich der Alte kaum in seiner Hütte zur Ruhe gelegt hat, vernimmt er eine schöne Musik. Er steht wieder auf, geht vor die Thür und horcht, kann aber nie-mand sehen. Als er aber um die Hütte herumgeht, bemerkt er, wie ein kleiner, roter Mann dasitzt und Harmonika spielt. „Na, Vater Dankow," redet der Kleine unseren Kuhhirten an, „wie gefällt Ihnen die schöne Musik?" „O prächtig," erwidert der Alte. Da fährt der Kleine fort: „Wollen Sie nicht ein Tänzchen dazu machen?" „Warum nicht? wenn nur ein hübsches Mädchen hier wäre!" Kaum aber hat der Alte dies gesagt, so steht auch gleich ein hübsches Mädchen vor ihm, „kriegt ihn beim Krips" und tanzt mit ihm los. Da ruft Vater Dankow: „Man sacht! man sacht! Ick kann jä so dull nich mehr!" Je mehr er aber schreit, je toller tanzt sie drauf los, immer in den Zootzen hinein durch die Zacken der Bäume. Er ver-liert seine Schuhe, seine Mütze und zerreißt sich das Zeug. Endlich wird er von dem Mädchen losgelassen: da fällt er unter einer großen Eiche nieder und schläft dort ein.

Als die Mädchen am andern Morgen aus dem Dorfe kommen, um die Kühe zu melken, wundern sie sich, daß Vater Dankow noch nicht aufgestanden ist. Als sie aber nachsehen wollen, was den alten Mann gegen seine Gewohnheit noch an das Bett fesselt, finden sie dasselbe leer. Nach langem Suchen finden sie den Alten noch schlafend unter der Eiche. Sie wecken ihn auf und sprechen ihre Verwunderung darüber aus, wie er hierher gekommen sei. Er erzählt ihnen darauf die Geschichte; die Mädchen fangen an zu lachen und sagen: „Vater Dankow, das hat Ihnen geträumt." Der aber bleibt dabei und sagt: „Seht doch, ick häbbe jä allens verlôren." Darauf suchen ihm die Mädchen Schuhe und Mütze wieder zusammen und kehren mit ihm

t seiner Hütte zurück. Und mochte später noch so schöne Musik er=
nen, niemals hat sich Vater Dankow wieder dadurch verleiten lassen,
ät abends seine Hütte zu verlassen.

Ebendaher.

101. Der Teufel und die Holzhauer.

Als die Holzhauer aus einem Dorfe am Zootzen eines Morgens
n den Wald kamen, um sich an ihre Tagesarbeit zu machen, fanden
ie das tags zuvor aufgeklafterte Holz umgestoßen. Da schimpfen sie
und denken, die Knechte des Dorfes haben ihnen diesen Schabernack
gespielt. Sie setzen die Klaftern wieder zusammen, finden sie aber
am andern Morgen aufs neue umgestoßen. So beschließen sie denn,
daß einer von ihnen die nächste Nacht wache; da sich aber niemand
freiwillig meldet, so wird gelost. Das Los traf gerade einen recht
starken Mann; der sagt: „Ich wollte mich schon melden; daher ist es
gut, daß mich das Los getroffen hat." Als er nun des Nachts Wache
steht, zündet er sich ein Feuer an und „klöbt" beim Scheine desselben
aus langer Weile Holz.

Zwischen 12 und 1 Uhr kommt ein kleiner, roter Mann — es
war der Teufel — und frägt ihn: „Warum setzt du denn da immer
einen Keil in die Spalte? Das kannst du ja mit den Händen aus
einander reißen." Der Holzhauer fragt: „Kannst du es denn?"
worauf der Kleine erwidert, ja, das könne er. Da wählt der Holz=
hauer einen recht starken Eichenklotz aus, haut mit der Axt hinein
und setzt einen Keil in die Spalte, darauf stößt er mit der Axt gegen
den Keil, um diesen ordentlich zu lockern. Wie nun der kleine, rote
Mann den Klotz aus einander reißen will, zieht der Holzhauer flugs
den Keil aus der Spalte und klemmt dem Kleinen die Finger ein.
Der aber schreit fortwährend: „Setze doch den Keil ein! — Setze
doch den Keil ein!" Aber da ist er an den Rechten gekommen; denn
der Holzhauer nimmt einen Stock und gerbt ihm tüchtig das Leder
voll. Der Teufel aber schreit fort und fort: „Setze doch den Keil

7*

ein!" Doch je mehr er schreit, desto kräftiger schlägt der andere zu und spricht: „Willst du uns noch einmal das Holz einstoßen?"

Nach vielen Anstrengungen endlich gelingt es dem Teufel, seine Finger aus der Klemme zu ziehen, und indem er fortläuft, ruft er zurück: „Nun stoße ich euch die Klaftern erst recht ein!"

Am andern Morgen erzählt der Holzhauer seinen Kameraden, was in der Nacht passiert sei, und macht den Vorschlag, an jede Klafter einen Klotz mit einem Keil zu stellen. Als nun in der folgenden Nacht der Kleine wiederkommt, sieht er den Klotz an der ersten Klafter und ruft: „Huh, da ist der Klotz!" wobei er sich seine in der vorigen Nacht zerschundenen Finger besieht. Darauf geht er weiter zur zweiten Klafter; auch hier findet er einen Klotz und ebenso an den andern. Da läuft er denn in voller Angst hinweg, ohne jemals zurückzukehren.

Ebendaher.

---

102. Die Eichelsaat.

Es war einmal ein Bauer, dem seit langer Zeit keine Ernte mehr gelingen wollte; der meinte einmal: „Wenn ich mir doch nur das Korn könnte allein wachsen lassen!" Das hört der Teufel und glaubt, den Bauer in seine Gewalt bekommen zu können. „Du kannst dir drei Ernten wachsen lassen, wie du sie haben willst," sagt er zu dem Bauer; „hast du aber abgeerntet, dann bist du mein." Der Bauer erklärt sich hiermit einverstanden. Im ersten Jahre sät er Roggen und läßt ihn wie die Stube hoch wachsen und voller Ähren. Nach der Ernte aber kommt der Teufel wie gewöhnlich als kleiner, roter Mann und sagt: „Nun, Bäuerlein, bist du denn zufrieden mit deiner Ernte?" Der Bauer sagt: „Ja". — Im zweiten Jahre sät der Bauer Weizen, und auch diesen läßt er wie eine Stube hoch wachsen und voller Ähren. Nach der Ernte kommt der Teufel wieder und frägt ganz wie das vorige Mal. Auch diesmal ist der Bauer zufrieden. — Im dritten Jahre aber sät er Eicheln. Nach der Ernte

ommt der Teufel zum dritten Mal und frägt, ob er zufrieden wäre.
Der aber erwidert: „Ich habe ja noch gar nicht geerntet." „Was
ast du denn gesät?" frägt der andere. „Eicheln", antwortet der
Bauer. Da merkt der Teufel, daß er betrogen ist und geht ab, um
iemals wieder zu kommen.

Ebendaher.

103. Der Bauer und der Teufel.

Ein Bauer wünschte sich einst einen Scheffel Geld. Da kommt
der Teufel zu ihm in Gestalt eines kleinen, roten Mannes und spricht:
„Bäuerlein, einen Scheffel Geld will ich dir wohl bringen, wenn du
mir nach 10 Jahren dienen willst." Da meint das Bäuerlein, das
wolle es thun, und erhält seinen Scheffel Geld. Als nun die Zeit
herum ist, kommt der Teufel zu ihm und sagt: „Na, Bäuerlein, wie
ist es denn? Komm nun mit!" „Laß mich erst noch ein Vaterunser
ausbeten," erwidert der Bauer. „Recht gern," meint der Teufel,
worauf der Bauer sagt: „Aber du mußt mir auch fest versprechen,
mich nicht eher mitnehmen zu wollen." Der Teufel thut es, aber
wer nicht betet, ist unser Bauer. „Na, nun bete doch!" ruft da der
Teufel ungeduldig. Der Bauer aber sagt pfiffig: „Ich habe ja noch
Zeit"; worauf der Teufel entgegnet: „Wenn du nicht bald betest, so
gehe ich so mit dir ab." „Nein, das darfst du nicht," fällt da der
Bauer ein; „du hast es mir ja versprochen." Wie sehr aber auch
der Teufel den Bauern zum Beten drängt, immer erhält er von ihm
die Antwort: „Ich habe ja noch Zeit." Da sieht er denn, daß er
überlistet ist und, indem er denkt: „Das werde ich dir schon wett-
machen," trollt er sich von dannen.

Eines Tages erscheint auf dem Bauernhofe ein Betteljunge. Der
Bauer frägt ihn, ob er denn nicht wäre zur Schule gegangen; der
Kleine aber erwidert: „Nein". Da sagt der Bauer: „Kannst du
denn nicht beten?" „Nein", entgegnet der Junge. „Auch nicht das
Vaterunser?" „Auch das nicht; aber ich möchte es doch gar zu gern

lernen." „Nun, so sprich 'mal nach," sagt da der Bauer, indem
ihm das Vaterunser vorbetet. Als aber der Bauer „Amen" sag
meint der Kleine: „Nû is met dei ôch âmen!" Dabei nimmt
den Bauer beim Kragen und geht mit ihm durch das Fenster hi
durch. Denn der Betteljunge war eben niemand anders als d
Teufel, der sich verkleidet hatte, um den pfiffigen Bauern doch no
zu überlisten.

Ebendaher.

104. Die Prisenmaschine.

In einem Dorfe gingen die Bauern gern auf Anstand. Da
geschah es denn gar oft, daß sich ein kleiner, roter Mann zu ihnen
gesellte, und im nu, da hatte er ihre Flinten zerschlagen. Eines
Abends sitzen die Bauern zusammen im Kruge und erzählen sich, wie
es ihnen erst kürzlich wieder mit dem Kleinen ergangen. Unter den
Zuhörern befand sich auch der Lehrer des Ortes. Der sagte: „Wenn
ich nur eine Flinte hätte; mir sollte er sie nicht entzwei schlagen."
Die andern aber meinten: „Dir schlägt er sie erst recht entzwei."
Der Lehrer aber behauptet nach wie vor das Gegenteil. Da sagt
einer der Bauern: „Ich will dir meine borgen. Schlägt er sie dir
aber entzwei, kaufst du mir eine neue." Das ist der Lehrer zufrieden.

Am nächsten Abend geht er allein auf den Anstand. Zwischen
zwölf und ein Uhr kommt der kleine, rote Mann und sagt: „Was
hast du denn da für ein Ding?" Der Lehrer entgegnet: „Das ist
eine Prisenmaschine." „Eine Prisenmaschine?" frägt der Kleine verwundert. „Ja! Sieh' 'mal her, da oben die beiden Löcher" — und
dabei weist er auf die Mündung der Doppelflinte — „da hält man
die beiden Nasenlöcher davor, und hier" — er zeigt auf das Schloß
— „hier unten drückt man; dann fliegt die Prise in die Nase.
Willst du vielleicht eine nehmen?" „Ja", erwidert der Kleine und
hält die Nasenlöcher an die Mündung der beiden Läufe. Der Lehrer
drückt ab, und Schrot und Pulver fliegt dem Kleinen in die Nase.

„Brrr, du hast einen verflucht starken Tabak," meint der, geht hinweg und kommt nicht wieder.

Ebendaher.

---

105. Der Müllergeselle und der Teufel.

Ein Müller konnte keinen Gesellen behalten; denn es war in der Mühle nicht geheuer. Kommt eines Tages wieder ein Geselle zugereist und fragt um Arbeit an. „Arbeit kannst du wohl erhalten," antwortet ihm der Meister, „doch wirst du wohl nicht lange bleiben." „Warum denn nicht?" „Das wirst du schon sehen." „Nun, so will ich es wenigstens probieren." — Wie der Geselle die erste und zweite Nacht mahlt, geht alles ganz gut; aber in der dritten Nacht — eben schlägt die Uhr zwölf — hört er ein leises Klopfen an der Thür und auf sein Herein sieht er sich einem kleinen, roten Manne gegenüber, und das war der Teufel. Der fängt an, sich mit dem Gesellen zu unterhalten und meint schließlich: „Ich will dir mahlen helfen." Der Geselle ist's zufrieden und weist ihm den ersten Gang zu, und als er den nicht will, den zweiten. Aber auch hier hat der Teufel etwas einzuwenden. „Nun, so mahle auf dem dritten," erklärt endlich der Geselle. Doch hier mahlt der Teufel „so toll drauf los," daß ihm der Geselle wiederholt zurufen muß: „Willst du wohl sacht mahlen?" Wie sich aber jener gar nicht an die Ermahnungen des Gesellen kehrt, packt ihn derselbe beim Kragen, — denn er war ein handfester Kerl und kannte keine Furcht — setzt ihn auf den Mühlstein und schleift ihm ohne Erbarmen den einen Schenkel ab. Der aber schreit, er solle ihn loslassen, er wolle auch nicht wiederkommen. Damit ist denn der Geselle einverstanden. Kaum aber hat er den Teufel losgelassen, so fährt dieser durch die Decke davon. Als der Meister am andern Morgen das Abenteuer hört, ist er hocherfreut, endlich von seinem Plagegeiste erlöst zu sein und giebt aus Dankbarkeit dem Gesellen seine Tochter zur Frau.

Ebendaher.

106. Die Teufelsbrücke.

An einem Flusse liegt ein Bauerngehöft und ihm gegenüber am jenseitigen Ufer ein Krug, in welchem allabendlich die Bauern des Dorfes zum Nachttrunk zusammenzukommen pflegen. Aber keiner ist schlimmer daran, wie unser Bauer vom gegenüber liegenden Ufer, der sich jeden Abend erst mit dem Kahne über den Fluß rudern muß. Denkt der einmal: „Wenn doch nur jemand käme und baute mir eine Brücke!" Kaum aber hat er das gedacht, da steht auch schon einer neben ihm und sagt: „Hör' 'mal, Bäuerlein, ich will dir eine Brücke bauen, wenn du nach 10 Jahren mein Eigen sein willst." Da merkt der Bauer, daß er es mit dem leibhaftigen Gottseibeiuns zu thun hat; aber eine Brücke, die hätte er doch gar zu gern, und 10 Jahre, das ist ja noch eine lange Zeit. Nach längerem Schwanken erklärt er endlich dem Teufel: „Ja, das will ich, wenn du die Brücke fertig kriegst, ehe der Hahn kräht." Der Teufel ist damit einverstanden. Da plötzlich, ehe es sich der Bauer versieht, kommt es durch die Luft geflogen: Balken, Bretter und Steine, und fügt sich wie von selbst eins nach dem andern zusammen. Alles paßt und stimmt, bis auf ein ganz kleines Loch, das sich der Teufel vergebens zu schließen bemüht. Als der Bauer sieht, daß die Brücke fast vollständig hergestellt ist, erfaßt ihn die Angst um seine Seele, er eilt spornstreichs zu seiner Frau und erzählt ihr, was vorgefallen. Die Frau aber, die den Kopf auf dem rechten Flecke hat, meint: „Sei ohne Sorge, das will ich schon machen." Darauf bindet sie sich eine lederne Schürze um, geht vor den Hühnerstall und schlägt mit den Händen gegen die Schürze, daß sie nur so rasselt. Wie das der Hahn hört, fährt er aus dem Schlafe und fängt an zu krähen. Der Teufel aber, der noch immer nicht mit dem Loche zu rande gekommen ist, fährt aus Ärger darüber, daß ihm wieder eine Seele entgangen, mit Gestank ab, und der Bauer hat seine schöne Brücke, nach der er sich so lange gesehnt. Das kleine Loch freilich ist geblieben; und so oft man es auch zu verstopfen versucht hat, am andern Morgen war es stets wieder sichtbar; doch zum Glück hinderte es nicht, die Brücke in Benutzung zu nehmen. So konnte denn der Bauer jetzt jeden Abend mühelos den Weg zum Kruge einschlagen.

Ebendaher.

---

107. Die Hexe von Brunne.

In Brunne lebte einst eine alte Frau, von der sagte man, sie könne den Kühen etwas anthun, daß alle sterben müßten. So findet sie auch einst ein Bauer in seinem Kuhstalle auf dem Futterdamme und fragt sie, was sie denn da wolle. Die Alte erwidert: „Ich suche meine Henne." Aber siehe da, kurz darauf starben sämtliche Kühe, denn sie hatte es ihnen allen angethan.

Auch den Schafen können die Hexen schaden. War einmal ein junger Mensch, er hieß Christian, bei einem Schafmeister als Knecht. Der liegt eines Abends im Stalle im Bette und ist eben eingeschlafen. Da wird es plötzlich so laut, daß er aufwacht und sieht, wie die Schafe alle sich dicht auf einem Haufen zusammendrängen. Selbst sein sonst so mutiger Hund schmiegt sich an sein Bett und günselt sehr (thut sehr ängstlich, winselt). Auch mehrere Leute, die herzugerufen wurden, konnten die Schafe nicht aus einander bringen, denn die alte Hexe — ich weiß aber nicht, ob es dieselbe war, welche die Kühe behexte — hatte den Schafen etwas angethan, weil sie sich mit dem Schäferknechte erzürnt hatte.

Darauf zieht unser Christian zu einem andern Schafmeister. Bei diesem kam anfangs nichts vor. Als aber die Schafe kleine Lämmer bekommen haben, kommt die alte Hexe auch an, um die Lämmer zu besehen. Doch Christian will sie ihr nicht zeigen; da meint der Schafmeister: „Gehe nur hin und füttere die Schafe." Christian nimmt nun die Alte mit nach dem Stalle und hängt seine alte, schwarze Mütze, welche die Schäfer in der Regel beim Füttern tragen, an die Stallthür. Wie das die Hexe sieht, greift sie flugs nach der Mütze und eilt lachend mit ihr hinweg. Nun konnte sie auch seinen Schafen wieder Schaden zufügen. Man sagt nämlich, wenn einer wegzöge, so könnten ihm die Hexen nichts mehr anhaben; es sei denn, daß sie ein Stück Zeug von ihm hätten.

Mündlich aus Neu-Ruppin.

108. Der Ziegenbock in der Walpurgisnacht.

Abends vor Walpurgis, wenn die Hexen nach dem Blocksberge reiten, durchläuft die Dörfer ein Ziegenbock, den man sich hüten muß zu necken; sonst läuft er dem Neckenden zwischen die Beine und fährt mit ihm ab nach dem Blocksberg, wo er ihn tüchtig stößt.

Mündlich aus Brunne.

109. Zwei Geschichten vom Bauer und dem Kobold.

1. Ein Bauer hatte in seinem Hause einen Kobold, der ihm alles ruinierte. Da sann der Bauer und sann, wie er denselben los werden könnte, fand jedoch kein Mittel. Eines Tages aber hörte er, wenn man den Kobold über die Grenze trüge, käme er nicht wieder. Sofort beschloß er, das Mittel zu versuchen und sprach zu ihm: „Wir bekommen morgen Besuch; setze dich einstweilen dort in den Kober." Das thut der Kobold. Der Bauer aber schließt den Kober fest zu und trägt ihn eiligst über die Grenze. Als er nach Hause zurückkommt, frägt ihn seine Frau: „Na, bist du ihn los?" „Ja," sagt der Bauer, „häbb' ick äber rönnt!" Da guckt der Kobold zur Thür herein und ruft: „Häbb' ick äber hönnt(?)!"

Ein ander Mal aber machte es der Bauer besser. Auch jetzt überredete er unter irgend einem Vorwande den Kobold, sich in den Kober zu setzen; diesen hing er alsdann einem durch das Dorf fahrenden fremden Bauer hinten an den Wagen. Ohne daß es jemand merkte, kam der Kobold auf diese Weise über die Grenze und kehrte nie wieder.

2. Ein Bauer hatte einst einen Kobold, der den größten Schabernack mit ihm trieb. Was er auf dem Hofe in seine Gewalt bekommen konnte, ruinierte er dermaßen, daß es zu fernerem Gebrauch untüchtig wurde. Selbst die Wagen auf dem Hofe verschonte er nicht. Als er einst dort wieder sein Unwesen treibt, ruft ihn der Bauer herein und sagt: „Hans Jöchen, oder wie du sonst heisst, wistû denn wat äten?" Da sagt der Kobold: „Ja." Der Bauer ladet ihn darauf ein: „Dann kumm man rinn." Wie der Kobold gegessen hat, sagt der Bauer zu ihm, nun dürfe er aber nicht wiederkommen. Der Kobold versprach es und hielt Wort.

Ebendaher.

110. Der Räuber Katusch.*)

Es war einmal ein Räuber, mit Namen Katusch, der machte „lauter dumme Streiche." So hörte er einst, daß ein Gutsbesitzer alle seine Freunde und Bekannten zu einem großen Feste eingeladen habe. Katusch denkt: „Willst doch mal sehen, ob sich dabei nichts profitieren läßt." Er setzt sich also zu Pferde und reitet mit einem Diener zu dem Edelmanne, dem er sich als einen Fürsten Orloff aus Rußland vorstellt. Er sei auf seiner Reise an seinem (des Edelmannes) Schlosse vorübergekommen und wolle nicht verfehlen, ihm seine Aufwartung zu machen. Der angebliche Fürst weiß durch seine Erzählungen und sein liebenswürdiges und vornehmes Auftreten unseren Edelmann so zu bezaubern, daß er ihn zu seiner Abendgesellschaft einladet. Katusch stellt sich zuerst, als könne er die Einladung nicht annehmen, doch giebt er schließlich den Bitten seines gastfreundlichen Wirtes nach.

---

*) Auch im Ruppinschen erzählt man sich vom Räuber Katusch; doch habe ich hier noch nichts Zusammenhängendes gehört.

Als man des Abends bei Tische sitzt, kommt das Gespräch auch auf den Räuber Katusch. Wer sich von ihm anführen lasse, meinen die meisten, müsse doch recht dumm sein; sie wollten sich schon vor seinen Streichen in acht nehmen. Katusch hört dies Gespräch ruhig mit an, endlich sagt er: „Und doch ist Katusch ein ganz verschmitzter Kerl." Die Gäste aber bleiben bei ihrer Meinung. Da erklärt endlich der liebenswürdige Fürst, der die ganze Gesellschaft für sich eingenommen hat: „Nun, ich werde Ihnen einmal ein Stückchen nach Art des Räubers Katusch vormachen." Damit nimmt er seinen Hut und sagt: „Legen Sie einmal Ihre Uhren, Ketten, Ringe und Börsen in diesen Hut." Alle kommen der Aufforderung nach und freuen sich über den Spaß. Als Katusch, der mit dem Einsammeln an der Thür begonnen hat, die Runde gemacht, bedankt er sich mit den Worten: „Meine Damen und Herren, ich bedanke mich recht sehr; ich bin der Räuber Katusch," — und verschwindet unter dem lauten Gelächter der Gäste in der Thür.

Plötzlich erschallt von der Straße herauf lautes Pferdegetrappel; und als sie die Fenster aufreißen, um zu sehen, wer noch so spät ankommt, geht ihnen endlich ein Licht auf. Denn sie sehen, wie der angebliche russische Fürst mit seinem Diener und seiner Beute eiligst davonjagt. Und wiewohl sie nach ihren Pferden stürmen, um den Räuber zu verfolgen, so ist doch alle Mühe vergebens; denn Katusch ist längst über alle Berge.

Nach diesem Ereignisse hört man lange Zeit nichts mehr vom Räuber Katusch; denn er hat ja vorläufig zu leben. Endlich aber ist sein Geld zu Ende, und er muß auf neue Abenteuer ausziehen. Da hört er einst, in einer Stadt sei Markt. Dieser scheint ihm so recht geeignet, um etwas zu stehlen. Wie er denn so auf dem Markte herumschlendert, sieht er, wie ein Bauer eben für einen fetten Ochsen einen ganzen Beutel voll Geld löst. Katusch denkt: „Willst doch einmal sehen, wo der Bauer mit seinem Erlöse bleibt," — und als der Bauer abends den Heimweg einschlägt, folgt ihm der Räuber in gemessener Entfernung. Wie nun der Bauer seine Stube betritt, ruft ihm seine Frau entgegen: „Hast du den Ochsen verkauft?" „Ja, sieh' 'mal, einen ganzen Beutel harter, blanker Thaler," entgegnet der Bauer, indem er das Geld seiner Frau entgegenhält. Darauf schüttet

er den Beutel auf den Tisch aus, um das Geld noch einmal durch=
zuzählen. Da springt der kleine Sohn des Bauern heran, der Silber=
glanz hat ihn ganz in Entzücken versetzt, um sich der schönen Thaler
zu bemächtigen. Der Vater aber packt das Geld eiligst wieder in
den Beutel, indem er, den Knaben abwehrend, sagt: „Das Geld kriegt
der Bamann!"*) Als sich das Kind aber ganz ungeberdig stellt, öffnet
der Vater das Fenster, hält den Beutel hinaus und ruft: „Da, Bamann, häst dû't!" — Unter dem Fenster aber steht, alles beobachtend,
Katusch, der eiligst herzuspringt und dem Bauer den Beutel entreißt.
So sehr sich aber auch der Bauer beeilt, vor die Thür zu kommen,
um dem frechen Räuber den Beutel wieder abzujagen, Katusch ist
längst verschwunden und mit ihm das Geld.

Nun hört man wieder lange nichts von dem Räuber. Da aber
das Geld nicht ewig vorhält, so muß er doch wieder schließlich auf
Abenteuer sinnen. So läßt er sich denn einen großen Kasten mit
Vorhängeschlössern machen. Inwendig aber hat der Kasten eine Feder.
Sobald er an dieser drückt, springt derselbe auf. Diesen Kasten,
in den er sich selbst gelegt hat, läßt er durch einen seiner Getreuen
an einen Juwelier in Leipzig senden mit einem Briefe des Inhaltes:
er sei der Fürst so und so aus Rußland, reise von Paris über Leipzig
nach seiner Heimat zurück und gedenke bei ihm größere Einkäufe zu
machen. Da er nun gehört habe, daß er ein feuerfestes Gewölbe
habe, so möge er doch seinen Kasten, in dem er seine Goldsachen und
wertvollen Dokumente habe, für die Zeit seines Aufenthaltes in Leipzig
aufbewahren. Als der Juwelier den Brief gelesen, denkt er: „Ei, da
ließe sich ja ein schönes Geschäft machen," und bringt den Kasten nach
seinem Gewölbe. Während der Nacht drückt Katusch auf die Feder,
und der Deckel springt auf. Als sich nun der Räuber über die im
Gewölbe aufbewahrten Goldsachen hermachen will, erhebt ein kleiner
Teckel, der im Gewölbe zurückgeblieben ist, ein fürchterliches Gebell.
Katusch will ihn ergreifen, aber vergebens. Da wird es oben plötz=
lich laut. Wie Katusch die Stimmen vernimmt und merkt, daß man

---

*) Wenn man Kinder in Angst versetzen will, sagt man in Brunne: „Jetzt
kommt der Bamann!" Will man ihnen etwas nicht geben, heißt es: „Das kriegt
der Bamann!"

sich mit Licht dem Gewölbe nähert, geht er wieder in seinen Kasten zurück, schließt den Deckel und verhält sich ganz still. Als das Hündchen aber unter heftigem Gebell fortwährend gegen den Kasten springt, erklären die Gesellen: „In dem Kasten muß etwas sein!" Da sie ihn aber nicht öffnen können, wollen sie ihn erbrechen. Der Juwelier aber widersetzt sich ihrem Beginnen. „Was würde der Fürst sagen, wenn wir seinen Kasten erbrochen hätten?" Endlich meint einer: „Wir wollen ihn anbohren." Dem Räuber wird es in dem Kasten ganz unheimlich zu Mute, wenn er daran denkt, daß man ihm den Leib oder Kopf durchbohren könne. Doch erfinderisch, wie er ist, weiß er auch hier bald Rat. Leise drückt er auf die Feder seiner Repetieruhr, welche sofort zu schlagen anhebt. Da fängt der Hund von neuem an zu bellen. Alle aber lachen laut auf und sagen: „Da drinnen ist eine Schlaguhr, daher bellt der Hund." Beruhigt begiebt man sich wieder zu Bett. Als nun Katusch alles in tiefem Schlafe glaubt, öffnet er wiederum den Deckel seines Kastens, kommt heraus, erfaßt sogleich den Hund und würgt ihn ab. Darauf nimmt er so viel Gold, als er tragen kann, und entfernt sich aus dem Fenster. Als der Goldschmied des Morgens nach dem Gewölbe kommt, steht der Kasten auf, der Hund ist tot und seine Goldsachen verschwunden.

Nach diesem neuen Diebstahle stellte man Katusch so sehr nach, daß er sich nirgends recht mehr halten konnte. Daher vermietete er sich bei einem Bauer als Knecht. Hier war er so fleißig und ordentlich, daß der Bauer erklärte, noch nie einen so guten Knecht gehabt zu haben; und vollends die Kinder, mit denen er des Abends zu spielen pflegte, gewannen ihn von Tag zu Tag lieber. — Einst, als man schon längst seine Verfolgung aufgegeben hatte und er sich wieder sicher fühlte, sagte er zu seinem Herrn: „Herr, wissen Sie wohl, wer ich bin?" „Wer sollst du denn sein?" meint der Bauer; „natürlich mein Knecht." „Nein, Herr, ich bin der Räuber Katusch." „Der Räuber Katusch ist unmöglich ein so ordentlicher Mensch wie du," erwidert der Bauer. Katusch aber entgegnet: „Ja, Sie können es dreist glauben. Ich habe mich nicht mehr halten können, darum bin ich bei Ihnen Knecht geworden." Da sagt der Bauer: „Willst du der Räuber Katusch sein, so mußt du mir auch einmal solch ein Stück vormachen, wie sie jener zu machen pflegt. Ich habe ein Kalb an den Schlächter verkauft, wenn du ihm dasselbe abnimmst, ohne ihm etwas zu thun, so will ich dir glauben." „Nichts leichter als das," sagt Katusch. — Am andern Morgen, als der Schlächter das Kalb abholt, geht Katusch voraus und stellt einen Schuh (er hat ein Paar fast neue) an den Weg hin. Als der Schlächter herankommt, findet er den Schuh. „Wenn nur der andere auch dabei wäre," denkt er; doch sieht er sich vergebens darnach um, und weil er glaubt, sich einen neuen dazu machen zu lassen, lohne nicht, da der neue dann doch länger als der gefundene hielte, so wirft er seinen Fund wieder weg. Als er aber ein gut Stück Weges vorwärts gegangen ist, siehe! — da liegt der andere Schuh, nach dem er sich vorher so sehnsüchtig umgesehen hat. Katusch, der mittlerweile heimlich voraufgelaufen ist, hat ihn hingelegt. „Hättest du doch den ersten behalten," denkt da der Schlächter und bindet nach kurzem Besinnen sein Kalb an einen Baum, um den ersten Schuh zu holen. Kaum aber ist er bei einer Biegung des Weges hinter den Bäumen verschwunden, so eilt Katusch herzu, bindet das Kalb los, nimmt es auf seinen Rücken und trägt es zu seinem Herrn zurück. Da meint der Bauer: „Nun will ich glauben, daß du der Räuber Katusch bist; aber behalten kann ich dich auch nicht länger."

Darauf ist denn Katusch nach Amerika gereist und dort ein ordentlicher Mensch geworden.

Ebendaher.

---

111. Der Bauer und die Eulen.

Geht man des Abends durch einen Wald und ruft: „Ule, Ule, komm mit, komm mit!" dann kommen die Eulen und hacken einem die Augen aus. So kommt auch einmal ein Bauer des Abends durch einen Wald; der denkt: „Ich will doch einmal sehen, ob das wahr ist, was sich die Leute von den Eulen erzählen." Und wie er ruft, siehe! da kommen die Eulen von allen Seiten herbeigeflogen und hacken auf ihn los. Am andern Morgen wurde er, wenn auch gerade nicht des Augenlichtes beraubt, aber doch ganz zerfleischt und blutüberströmt im Walde gefunden.

Ebendaher.

D. Das Havelland.

112. Der Birnbaum an der Kirche zu Ribbeck.

Dicht an der Südwestseite unserer (d. h. der Ribbecker) Kirche steht ein alter Birnbaum, welcher, wie die Sage meldet, einem wunderbaren Umstande seine Entstehung verdankt. Vor langen Jahren wurde in der stillen Ecke, welche der Birnbaum jetzt einnimmt, ein Ahnherr der Besitzer Ribbecks, ein Herr von Ribbeck, auf seinen ausdrücklichen Wunsch bestattet. Herr von Ribbeck hatte sich bei Lebzeiten durch große Leutseligkeit ausgezeichnet, und namentlich war er ein Freund der Kinder gewesen. Stets führte er etwas bei sich, um die ihm begegnenden Kleinen damit zu erfreuen, besonders aber Birnen. Groß war die Trauer, als der gute Herr starb, und wehmütig gedachten die Kinder der süßen Birnen, die ihnen seine freundliche Hand so häufig und so reichlich gespendet. Doch siehe! Nicht lange währte es, da sproßte aus dem Grabe des Wohlthäters der Kleinen ein Birnbaum hervor, der schnell heranwuchs und nach kurzer Zeit reichliche Früchte trug. Der alte Herr hatte eine Birne mit ins Grab genommen, und aus dieser war der Baum erwachsen. Noch heute laben seine Früchte die Dorfjugend von Ribbeck und halten die Erinnerung an den längst verstorbenen Kinderfreund lebendig.   Anzeiger für das Havelland.

113. Das Kloster auf dem Kütschen Berge bei Landin.

Auf dem Kütschen Berge bei Landin soll einst ein Kloster gestanden haben. Die Mönche desselben hatten die Tochter eines armen

Mannes unter dem Vorwande, sie für den Himmel zu erziehen, ins Kloster gelockt, dieselbe aber entehrt und darauf ermordet. Für diese Frevelthat wurde das Kloster zerstört, da ein Jäger, der Bräutigam des Mädchens, die Rache des Himmels erfleht hatte. — Der Vater des unglücklichen Mädchens soll noch heute in der Mitternachtsstunde, sein Haupt unter dem Arme tragend, auf dem Rütschen Damm umgehen.

Mitgeteilt durch Herrn Lehrer Jowe zu Kriele.

E. Die Prignitz.

114. Hexenmeister und Hexe zu Kyritz.

Vor noch nicht gar langer Zeit lebte in Kyritz ein Hexenmeister, namens Kl.; der konnte jede Hexe, welche ein Stück Vieh bezaubert hatte, zwingen, entweder hinter dem Schinderkarren, der die gefallene Kuh vom Gehöft abholte, herzugehen oder in seinem Spiegel zu erscheinen. Glaubten nun die Leute, daß eine verendete Kuh behext gewesen sei, so gingen sie zu unserem Hexenmeister, um die böse Zauberin, die ihnen solches angethan, kennen zu lernen. Schon auf dem Wege dorthin lief dann in der Regel die Hexe in Gestalt eines Hasen mit, auf dem Rückwege aber verwandelte sie sich stets wieder in einen Menschen.

Auch eine alte Frau wohnte einst in Kyritz, die mehr konnte als Brot essen; denn sie war eine Hexe. Merkwürdig ist, daß sie sogar genau vorher wußte, wann sie sterben würde. Einst nämlich bestellte sie sich einen Sarg, und als der Tischler denselben brachte, sagte sie zu ihrem Manne: „Vâder, joch man rût un stöt de Immen an."

Als der Mann zu den Bienen kommt, ruft er zurück: „Mutter, kumm man rût; de Immen summen all!" Als aber die Frau nicht erscheint, auch nicht, als er an das Fenster klopft, kehrt er wieder zur Stube zurück und findet hier die Alte — tot im Sarge liegen.

Mündlich aus Neu-Ruppin.

115. Die Kattenstiegmühle.

Nahe beim Dorfe Königsberg liegt an einem von dunklen Tannen umrahmten See die Kattenstiegmühle. In ihr wohnte vor grauer Zeit ein Müller mit seiner jungfräulichen Tochter, die so außerordentlich schön war, daß der Ruf ihrer Schönheit weit hineindrang in die rings angrenzenden Lande. Aus der Nähe und Ferne kamen die Müllerburschen und warben um die Liebe der schönen Jungfrau, aber am nächsten Morgen nach der ersten in der Mühle verbrachten Nacht fand man sie tot auf ihren Lagerstätten. Bald drang auch hiervon die Kunde in das Land, und nun kam kein Bursche mehr, der nach Arbeit fragte und um die Liebe der Jungfrau warb. — Monde und Jahre vergingen, da hörte ein Müllerbursche in der Nähe Potsdams von der seltenen Schönheit der Müllerstochter und dem jähen Ende ihrer Freier. „Ich will sie sehen, und gefällt sie mir, nehme ich Arbeit," sprach der kühne Bursche und machte sich sofort auf den Weg nach der Mühle. Hier angekommen, sah er die Jungfrau und nahm Arbeit. — Als ihn nun der Müller nach dem Abendessen in sein Schlafzimmer führen wollte, erbat er sich für die Nacht einen an der Wand der Wohnstube hängenden Säbel, sowie zwei Öllampen. Der Müller gewährte die Bitte, und als nun beide in das Schlafgemach traten, zog der Bursche zunächst das an der Wand stehende Bett mitten in das Zimmer und machte mit Kreide einen Kreis auf dem Fußboden rings um das Bett, wobei er einen frommen Spruch betete. Der Müller verließ nun den Burschen; der aber setzte sich in den Kreis, das Schwert in der Hand haltend. Totenstille herrschte rings in der Natur; als aber in Königsberg die Turmuhr die Mitter-

nachtsstunde verkündete, öffneten sich urplötzlich die Fenster des Ge-
maches, und herein drangen mit entsetzlichem Miauen lauter schwarze
Katzen, die ein mächtiger schwarzer Kater zum Überspringen des Kreises
anspornte. Keine wollte indessen den Sprung wagen; als aber endlich doch eine ihn unternahm, hieb ihr der Bursche mit dem bereit
gehaltenen Schwerte eine Pfote ab. Nun entstand ein markerschüt-
terndes Miauen, und urplötzlich, wie sie gekommen, waren die Katzen
verschwunden und die Fenster wieder geschlossen, und tiefe Stille folgte.
— Der Bursche schlief ein und erwachte erst, als der Müller erschien
und ihn weckte. Nun erzählte er die Erlebnisse der Nacht und sagte,
daß die abgehauene Katzenpfote auf dem Fußboden liegen müsse. Man
suchte sie, fand aber keine Pfote, sondern den Finger von einer Men-
schenhand. Erstaunt gingen beide Männer in die Wohnstube und zeigten
denselben der schönen Jungfrau. Noch hatte der Bursche die Erzählung
des nächtlichen Spukes nicht beendet, als Leute aus Königsberg erschienen und berichteten, daß eine im Dorfe wohnende junge Frau in
der vergangenen Nacht einen Finger verloren habe. Bald erwies es
sich, daß der gefundene Finger der war, welchen die junge Frau verloren hatte; es erwies sich aber auch ferner, daß viele Frauen und
Mädchen aus Neid über die Schönheit der Müllerin ein Bündnis
mit dem Teufel geschlossen, der sie in Katzen verwandelt und zur Er-
mordung der Freier veranlaßt hatte. — Von jetzt ab hörte der Spuk
auf, der Bursche erhielt die schöne Müllerstochter zur Frau, und sein
Geschlecht lebte noch Jahrhunderte lang auf der Kattenstiegmühle.

Mitgeteilt durch Herrn Steuerinspektor Pacius zu Kyritz und mündlich.

---

116. Herzsprung.

Auf der Burg an der Dosse bei Fretzdorf weilte ein Ritter aus
der nahen Elbgegend bei seiner verlobten Braut, als ein Bote ihm
die Nachricht brachte, daß feindliche Ritter seine Burg bedrohten.
Eiligst trat der Ritter die Rückreise an, und seine Braut begleitete

ihn bis auf den Hügel, der heute die Kirche in Herzsprung trägt.
Hier schieden die Verlobten, aber täglich kam die Jungfrau nach dem
Hügel und schaute sehnsuchtsvoll über den See, der den Fuß des
Hügels bespült, nach der Elbgegend hinaus. Da bekam sie eines
Tages die Kunde, daß der Geliebte in der Fehde gefallen sei; sie
haderte nun mit Gott, kehrte aber noch täglich nach dem Hügel zurück.
Immer blasser wurde sie dann, und als sie eines Tages nicht nach
der Burg zurückkehrte, schickte der Vater mehrere Leute ab, sie zu suchen.
Oben auf dem Hügel fanden sie die Jungfrau im nassen Grase liegen,
sie war tot, das Herz war ihr gesprungen. Der Burgherr ließ nun
eine Kapelle bauen an der Stelle, wo seiner Tochter das Herz gesprungen war, und gab später den Bewohnern der Umgegend Land
in Erbpacht. So entstand das Dorf Herzsprung. — Auf dem Hügel
steht jetzt eine Kirche, denn die Zahl der Dorfbewohner hat sich sehr
vermehrt. Bei Nacht ersteigt kein Dorfmädchen den Hügel, denn es
geht die Sage, daß die Jungfrau, weil sie mit Gott gehadert, keine
Ruhe gefunden habe und so lange auf dem Hügel spuken müsse, bis
wieder einer Jungfrau dort das Herz springe.

Mitgeteilt durch ebendenselben.

117. Der Scharfenberg.

Einmal im Jahre öffnet sich zur Mitternachtsstunde der Scharfen-
berg, und aus seiner weiten Öffnung reitet eine Jungfrau auf schwarzem
Rosse. Der Jüngling, welcher den Mut hat, sich zu ihr auf das Roß
zu schwingen, erhält sie zur Gattin und ein Königreich zur Mitgift.

Mitgeteilt durch ebendenselben.

118. Der schwarze See bei Christdorf.

Ein Bauer pflügte am schwarzen See, da entstieg den Fluten ein schwarzes Roß und rannte nach dem vor den Pflug gespannten Pferde, es mit sich fortreißend in den See, wo beide versanken. Nun kam der Bauer mit einer langen Stange, an welcher sich ein eiserner Haken befand, um auf dem Grunde des Sees sein Pferd zu suchen und es heraufzuziehen. Aber er konnte den Grund des Sees nicht finden, und eine Stimme rief ihm aus der Tiefe zu, er möchte das Suchen unterlassen, weil auch er sonst herabgezogen würde.

Mitgeteilt durch ebendenselben.

119. Die Dossebrücke.

Im Dorfe Dosse reitet zur Mitternachtsstunde ein Lanzenreiter über die steinerne Dossebrücke, begleitet von einem schwarzen Hunde. Kein Dorfhund wagt es, den fremden Reiter oder den schwarzen Hund anzubellen.

Mitgeteilt durch ebendenselben.

120. Der Räuber Klemens.*)

Vor etlichen Jahrhunderten hauste im Weichbilde von Pritzwalk der Räuber Klemens, welcher in der Kammermark in unmittelbarer

---

*) Durch Mitteilung dieser Sage bin ich zwar über den in dem Vorworte ausgesprochenen Grundsatz hinausgegangen; doch schien mir dies hier um deswillen geboten, weil die hier mitgeteilte Fassung der Sage eingehender ist als die bei Kuhn (a. a. O. S. 231. 232) und sich in derselben einzelne Berührungspunkte mit Ruppiner Sagen (vgl. oben Nr. 12 und 76) finden.

Nähe der Landstraße eine Höhle bewohnte. Diese hatte er durch eine Schelle so mit der Landstraße in Verbindung zu setzen gewußt, daß das Klingen derselben ihm jedesmal verriet, wenn ein Wagen vor= überfuhr oder ein Reiter des Weges einhertrabte. Schon vielfach hatte man versucht, dem Treiben des Räubers ein Ende zu machen, aber niemals war es den Verfolgern gelungen, seiner Person habhaft zu werden; denn immer wußte er sie dadurch zu täuschen, daß er seinem Pferde die Eisen hatte verkehrt auflegen lassen. Da wurde er denn schließlich von einer Seite verraten, von wo er es nicht ge= dacht hatte.

Eines Tages nämlich war es dem Unhold gelungen, ein Mädchen aus Pritzwalk in seine Gewalt zu bekommen, und da er an demselben Gefallen fand, so schenkte er ihm das Leben, nachdem es ihm unter einem furchtbaren Eide gelobt hatte, ihn keinem Menschen zu ver= raten. Dieses Mädchen nun, mit dem er viele Jahre hindurch in wilder Ehe zusammenlebte, schenkte ihm im Laufe der Zeit sieben Knaben, die der grausame Vater aber alle gleich nach der Geburt tötete und an einem durch die Schläfe gezogenen Drahte aufhing. Wollte er sich nun ein Vergnügen bereiten, so zog er an dem Drahte und ließ, wie er sich ausdrückte, „die sieben Klemens tanzen."

Die unglückliche Mutter der Kinder, durch ihren furchtbaren Eid zum Schweigen verpflichtet, wurde nun öfter zum Einkaufen von Lebens= mitteln von dem Räuber nach der Stadt geschickt und kehrte auch immer wieder getreulich zurück. Eines Tages aber, als sie Klemens durch den erwähnten grausamen Zeitvertreib ganz besonders verbittert hatte, be= schloß sie, ihn doch zu verraten. — Auf dem Markte der Stadt be= fand sich ein großer Stein; auf den nun setzte sie sich und sagte so laut, daß es alle in der Nähe befindlichen Leute hören konnten, fol= gende Worte wiederholentlich her:

> Stein, ich klag's dir,
> Klemens verfolgt mir!
> Folgt mir mit Soldaten,
> Wohin ich Erbsen streuen werde.

Durch diese List glaubte sie, den erzwungenen Eid umgehen zu können; und in der That gelang es den Pritzwalkern, sich des gefürchteten

Räubers auf diese Weise zu bemächtigen. Er wurde für seine vielen
Unthaten öffentlich auf dem Marktplatze hingerichtet. — Sein aus
eisernen Ringen bestehender Panzer, sowie seine Sturmhaube und sein
Schwert werden noch heute auf dem Rathause in Pritzwalk aufbewahrt.
Als daselbst vor mehreren Jahren eine Ausstellung märkischer Alter=
tümer veranstaltet war, hatten die Pritzwalker auch den Räuber Kle=
mens mit aufgestellt.

Mitgeteilt durch Herrn Konrektor a. D. Koß zu Neu-Ruppin.

121. Das Vermächtnis.

Der Edelmann Nicolaus v. B. hatte vor langen Jahren der
Gemeinde seines Ortes ein Bruchland testamentarisch mit der Klausel
vermacht, daß die Bauern alljährlich seinen Namenstag festlich begehen
sollten. Die Bauern umfriedigten das Bruch, benutzten es als Weide,
indem sie bei Tage ihre Kühe und bei Nacht ihre Pferde, wie damals
üblich, darauf weiden ließen. Jahre hindurch wurde der Nicolaustag
gefeiert; als jedoch von der Gemeinde der Gebrauch endlich eingestellt
wurde, da begab es sich, daß die Pferde allnächtlich durch das Gehege
brachen und das Weite suchten; und obgleich die Bauern dasselbe
täglich ausbesserten, es half alles nicht, die Pferde brachen dennoch
aus. Da kamen denn die Bauern auf den Gedanken, ob sie nicht
selbst durch Umgehung der Testamentsklausel an dem Mißgeschicke,
das sie allnächtlich traf, schuld wären. Sie führten daher die Nico=
lausfeier wieder ein und siehe! — der Bann war gebrochen, die Pferde
weideten fortan ruhig und das Gehege blieb unversehrt.

Aus dem Kr. Ostprignitz mitgeteilt durch Herrn Lehrer emer. Neumann zu Neu-Ruppin.

122. Der Spuk in der Burg zu Freienstein.

In einem der unbewohnten Zimmer der dem gräflichen Hause von Winterfeld gehörigen Burg zu Freienstein ließ sich vor etwa 50 Jahren zu einer bestimmten Stunde der Nacht ein ungewöhnliches Geräusch hören. Tische, Stühle, Schränke wurden von ihren Plätzen gerückt, die Fensterscheiben klirrten, Fußtritte wurden vernommen, zuletzt ein gellender Schrei — und der Spuk hatte ein Ende. Obwohl jeden Abend das Haus sorgsam durchsucht, Thüren und Fenster fest verschlossen und Wachen aufgestellt wurden, so sollte der Rumor doch kein Ende nehmen, und der Graf sah sich genötigt, mit seiner Dienerschaft das Haus zu verlassen. Erst nach längerer Zeit stellte der Geist sein Treiben ein, und der Graf kehrte wieder in die Burg zurück.

Im Volke aber geht die Sage, daß in der Franzosenzeit ein feindlicher General, der in der Burg im Quartier gelegen, in jenem unheimlichen Zimmer seine Frau erstochen habe, weil er sie im Verdachte der Untreue gehabt habe.

Mitgeteilt durch ebendenselben.

123. Ein Königswort.

An der Straße von Wittstock nach Mirow liegt die sogenannte Walke oder Amtsmühle. Wie der Besitzer derselben zu einem bei dem Gehöfte liegenden Acker gekommen ist, erzählt man sich noch heute folgendermaßen:

Als Friedrich der Große einst bei einer Jagd in den dortigen Forsten in der Mühle einkehrte, wurde er auf das freundlichste und gastlichste aufgenommen und bewirtet. Aus Freude darüber erklärte er dem Müller, daß alles Land, was er in einer Stunde mit seinem Pfluge umackern könne, ihm gehören solle. Der Müller nun, ein schlauer Mann, zog in einer Stunde mit seinem Pfluge eine weite

Strecke rings um sein Gehöft herum eine Furche, welche eine große Anzahl Morgen Landes einschloß, und in der That durfte er dieses umackerte Land als sein Eigentum behalten.

Mitgeteilt durch Herrn Pastor a. D. Joachim zu Neu-Ruppin.

124. Der Galgenbaum bei Flecken Zechlin.

Südlich vom Flecken Zechlin erhebt sich ein kleiner Hügel, der Galgenberg genannt. Dort steht ein wilder Birnbaum, der von der Wurzel aus in drei Stämmen emporgewachsen ist. An diesen Birnbaum, den man allgemein den Galgenbaum nennt, knüpft sich folgende Sage:

Einst wurde ein Schäfer von dem Gute in Zechlin beschuldigt, einen Menschen erschlagen zu haben und dafür zum Tode durch das Rad verurteilt. Vergebens beteuerte er seine Unschuld auch noch auf der Richtstätte, dem Galgenberge. Schon schickte sich der Henker an, das Todesurteil an ihm zu vollstrecken, da erklärte er laut: „Zum Wahrzeichen meiner Unschuld wird auf dieser Stätte ein Baum emporwachsen, der dreierlei Früchte trägt, doch niemand soll sie genießen können." Und wie er prophezeit, so ist es richtig eingetroffen.

Mündlich.

125. Das schwarze Pferd.

Zwischen Dorf und Flecken Zechlin führte früher ein Abzugsgraben über den Weg, der beide Ortschaften mit einander verbindet; eine steinerne Brücke überwölbte ihn. Dort, heißt es, erschien oft zur Mitternachtsstunde ein schwarzes Pferd. — (Etwas Näheres darüber habe ich nicht in Erfahrung bringen können.)

Mündlich.

Anhang.*)

126. Pûk vertreibt Diebe.

Auf dem Vorwerk Spandau bei dem Dorfe Stolzenburg in Pommern treibt, wie die Sage geht, ein Pûk sein Wesen. Denn will sich jemand des Nachts dem Grundstücke nähern, so zeigt sich der Pûk bald hier, bald da, bald in den Ställen, bald auf dem Hofe mit einem Lichte. Dadurch führt er den Ankommenden so in die Irre, daß er vergebens den Eingang sucht. Eines Nachts wollten trotzdem einige Arbeiter den Versuch machen, von dem Hofe die Eier aus der Tonne zu holen, in welche sie die Hennen zu legen pflegten. Und diesmal glückte es ihnen wirklich, nach vielen Hindernissen endlich bis zu der Tonne zu gelangen. Doch plötzlich machten sie erschreckt kehrt, flohen aus dem Gehöft und irrten die ganze Nacht in der ihnen sonst so wohl bekannten Gegend umher. Denn in der Tonne saß mitten zwischen den Eiern ein großer, schwarzer Kater, so groß fast wie ein Kalb, der sich beim Erscheinen der Diebe hoch aufrichtete und sie mit funkelnden Augen anglotzte.

---

*) Die Sagen Nr. 126—131 rühren von einem aus Pommern gebürtigen Ehepaare her, das von dort nach Neu-Ruppin verzogen ist, Nr. 132 von einem Handwerksburschen. Da dieselben meines Wissens noch nicht veröffentlicht sind, so habe ich dieselben hier als Anhang angefügt.

Der Besitzer des Vorwerks wird in der ganzen Gegend nur Pük=Spandau genannt; Knechte und Mägde halten dort nur kurze Zeit aus; die Frau soll stets einen ledernen Fingerhandschuh in der linken Hand halten, wenn sie ausgeht, da soll denn der Pük drinnen sitzen.

---

127. Der Schimmel.

Auf der pommersch=uckermärkischen Grenze zeigt sich nachts ein „weißer Schimmel," der im sogenannten Schweinepfuhl verschwindet. Der alte Bauer Fritz Mund bestieg einst denselben, im Glauben, es sei der seine. Freilich war er in angeheitertem Zustande, sonst hätte er den Schimmel wohl schwerlich verwechselt. Als nun das Pferd mit ihm fortraste, wurde er bald nüchtern. Kurz vor dem Gewässer nun warf es den Bauer ab und verschwand im Pfuhl.

---

128. Die Glocke vom Daskow zu Bandelow.

Bei Stolzenburg in Pommern ist ein Gewässer, der Daskow genannt. Dort soll vor alten Zeiten eine Burg mit Kapelle gestanden haben, die den Quitzows gehörte. Die Burg war rings vom Wasser umgeben, in dem sie schließlich versunken ist. — Alle Johanni um die helle Mittagsstunde erschienen am Ufer auf der Oberfläche des Wassers die drei Glocken der versunkenen Burgkapelle, verschwanden aber bald wieder im Wasser. Einst spielte ein kleines Mädchen gerade zu Johanni um die Mittagszeit am Ufer des Daskow und wusch ihre Puppenwäsche, als die Glocken wiederum dicht am Ufer aus dem Wasser emportauchten. Das Kind nahm in seiner Unschuld die bunten Fähnchen und legte sie auf die größte der Glocken zum Trocknen. Nach kurzer Zeit ver=

schwanden die beiden kleineren wieder im Wasser, während die große stehen blieb.

Nun kamen die Stolzenburger Bauern und versuchten, die Glocke vollends ans Land zu bringen, doch wollte ihnen dies nur mit Mühe gelingen; denn 24 Pferde brachten sie kaum bis an den nächsten Kreuzweg; von dort mußten die Bauern Ochsen vorspannen.

Gern hätten sie die Glocke nach Pasewalk gebracht. Aber als sie in den Weg, der zur Stadt führt, einbiegen wollten, bekamen auch die Ochsen die Glocke nicht weiter. Da gab dieselbe plötzlich Klagelaute von sich, welche von den Stolzenburgern aufgefaßt wurden wie: „Bandelow, Bandelow, Bandelow!" Gehorsam den Glockentönen, machten die Bauern kehrt und brachten die Glocke ohne schwere Mühe nach Bandelow, wo sie dieselbe zu den zwei dort befindlichen Glocken in den Glockenstuhl des Turmes hingen. — Seit jener Zeit hat der Turm zu Bandelow drei Glocken und die dritte heißt „die Glocke vom Daskow."

129. Die Gänsediebin in Darietz.

Hinter Schönwalde in Darietz lebte eine Frau, die den Bauern immer die Gössel stahl und dieselben, wenn sie sie nicht anders verbergen konnte, lebendig begrub. Der Ort, wo sie diese Unthat vollbrachte, lag hinter einem alten Backofen. Von dem Backofen bis zum Dorfe führt eine schnurgerade Allee. Diese hinauf und hinunter sahen die Leute von Darietz, namentlich aber die Frau des Bauern Mund, welche stets behauptete, mehr zu sehen als alle anderen, öfter einen feurigen Wagen, mit fünf Gänsen bespannt, fahren, die eine Frau von dem Wagen herab lenkte. Regelmäßig hinter dem Backofen verschwand das Gefährt. Seit der Zeit fiel der Backofen, wiewohl er des Jahres oft dreimal neu gebaut wurde, doch stets wieder ein.

130. Die drei Brüder.

Vor dem Dorfe Sydorfsaue steht noch heutigen Tages ein Baum, der heißt „die drei Brüder." Aus einem Stamme schießen drei starke Äste hervor, und an diesen sollen sich drei Brüder aufgehängt haben. Wenn nun die Sydorfsauer Kinder zur Schule oder zur Kirche gehen, müssen sie stets an dem Baume vorüber, und jedes der Kinder legt stillschweigend eine Hand voll Sprocken (trockene Reiser) unter den Baum. — Am Abend vor der Konfirmation gehen die Mädchen zum Brüderbaume, fegen den Platz darunter, bestreuen ihn mit Sand und hängen an jedem der drei Äste einen Kranz auf, damit die drei Brüder auch geschmückt auf den Zug der Konfirmanden, der dort vorüber muß, blicken können. — Die Sitte besteht, wie ich höre, dort noch bis auf den heutigen Tag.

131. Der kopflose Mann auf der Jalkwiese bei Stettin.

Bei Stettin auf der Jalkwiese gingen einst abends spät drei Männer, die kamen von einem Gelage und wollten heim. Plötzlich rief der eine von ihnen: „Seht doch nur! Da geht ja immer ein Mann ohne Kopf neben mir her, der kommt immer mehr auf mich zu." Und so stieß er denn nach der Erscheinung, um sie von sich abzuwehren. Und das dauerte eine ganze Weile fort. Die beiden andern aber lachten ihn aus, denn sie sahen nichts von der Erscheinung. Da stürzte der dritte plötzlich auf die Erde und wälzte sich im Schmutz, indem er laut schrie und bat, die beiden andern möchten ihm doch helfen; er könne nicht von der Stelle, der ganze Körper thäte ihm weh, und ihm wäre es, als wenn der Mann ohne Kopf auf ihm säße und ihn abstrafte. Mit großer Mühe hoben die beiden anderen ihren Gefährten wieder auf und führten ihn nach Hause, wo ihn seine Frau sofort ins Bett brachte. — Am nächsten Morgen war er tot.

132. Das gespenstige Viergespann.

In der Nähe von Meseritz liegt ein altes Grafenschloß, das dem Grafen Decimbowsky gehört. Dasselbe ist von allen Seiten mit Wasser umgeben: drei Seiten umzingeln Gräben, die vierte der Obra-fluß. Auf diesem Schlosse soll es nicht ganz geheuer sein. Hat die Schloßuhr dumpfen Tones die zwölfte Stunde verkündet, so kommt, wie man des öfteren beobachtet haben will, ein Viergespann im vollsten Galopp vom Schlosse zur Obrabrücke herabgejagt und macht dort plötzlich Halt. Aber nicht lange, so ist es über das Brückengeländer hinübergesaust und im Flusse verschwunden. Hat nun die Geister-stunde ihr Ende erreicht, so sieht man die Equipage wieder aus dem Flusse heraustauchen, die an der Obra sich hinziehende Wiese passieren und nach einer Schwenkung im Schlosse verschwinden. — Öfter soll diese nächtliche Erscheinung aus einem Reiter, den Hunde begleiten, bestehen.